英国人写真家の見た明治日本

この世の楽園・日本

ハーバート・G・ポンティング
長岡祥三 訳

講談社学術文庫

ハーバート・ポンティング
(1910年スコットの南極探検の時)

愛犬を抱くポンティング

人力車を引くポンティング

興福寺の五重の塔

〔上〕日本の古都、奈良の鹿　〔下〕鹿に餌をやる女性

〔上〕茶摘みをする人々　〔下〕奈良の春日神社を参詣する老人

お堀から見た姫路城

〔上〕彦根の庭園玄宮園と料理旅館八景亭〔下〕庭園を散策する婦人たち

庭で憩う女性と池に映ったその像

日光の杉並木

日光東照宮陽明門

日光含満ヶ淵の石仏群

男体山と中禅寺湖

華厳滝

日本三景の一つ松島

本書について

澤本徳美
（元日本大学芸術学部写真学科教授）

ハーバート・G・ポンティングの名は、欧米では一九一〇年スコット大佐の第二次南極探検隊に加わり記録写真を撮った写真家として知られている（ゲルンシャイム著 *'The History of Photography'*）。しかし、一九〇一〜〇二年（明治三十四〜三十五年）頃から何度か来日し、日本中を旅して日本の芸術や風俗、自然に親しみ、正確に日本を理解していた数少ない知日家であったことを知る人は少ない。また、数多くの優れた写真を撮影し、何冊かの写真集を出版しているが、不思議と日本の写真史上にその名を残すことはなかったようである。

本書は、ポンティングが一九一〇年（明治四十三年）に、ロンドンで出版した『この世の楽園・日本』（*In Lotus-Land Japan*）の抄訳である。これは、英国人写真家ポンティングが、アメリカの雑誌の特派員として来日し、日露戦争を挟んで一九〇六年（明治三十九年）までの来日のたびに見聞し、体験しそして感動したことを、自ら撮影した写真と共に記したものである。

だが、本書は、当時多くの外国人によって書かれた日本見聞記とは趣を異にしている。それらの書物の多くが、好奇の目で綴られた通りいっぺんの印象記に終わっているが、本書は、外国人として初めて日本陸軍に従軍し、日露戦争に参加して軍人を通して日本人の赤裸々な姿に触れ、さらに延べ三年間にわたる日本滞在の体験から得た日本観、日本人観が見事に浮き彫りにされながら表現されている。

いささか日本や日本人に対して好意的過ぎるようにも見えるが、英国紳士として日本人や日本文化に最大級の尊敬の念を持っていることがその底流にあることがよく理解できるのである。特に日本女性に対する理解や芸術作品の鑑賞眼は、もの珍しさやエキゾチシズムなど外面的な興味を越え、その本質的なものを見抜いているようである。

長岡祥三氏の日本語訳の美しさに助けられているとはいえ、見事な文章で綴られている。写真の技術的なことについては特に触れていないが、観察の濃《こま》やかさは、さすがに写真家の眼を感じさせる。陶器や七宝《しっぽう》の製作者との交流、富士山や浅間山に登山したときの情景描写にその豊かな感覚がうかがえるのである。

その写真作品であるが、残念なことにそのオリジナル・プリントを目にする機会には恵まれなかったため確かな評価は難しいが、原書に掲載されている印刷された写真から写真家としての眼の確かさは判断できよう。風景や自然を対象にした写真を得意としているようであることは〈日の出の富士〉、〈白糸の滝と富士山〉などの捉え方のうまさによく現れている。

しかし、さらに興味をひくのは、人物の描写の仕方である。三人の若い芸者が気取ったりポーズすることなく自然に立っている〈立ち姿の芸者〉や、障子を開けようとしている女性を撮った〈美しい日本の女中さん〉、長い髪のまま襖《ふすま》の前に立っている女性を撮った〈唐紙の前で〉などに見られる人物の動きの捉え方は新鮮で、モデルの美しさや特徴を見事に表現しており、その技術の的確さを知ることができる。写真は独学で学んだということであるが、一九〇〇年に国際的な写真コンテストでグランプリをとったという実力は遺憾なく発揮されている。別の書で知った南極の記録写真のスケールの大きさも見事であった。現在ポンティングのオリジナル写真は、ロンドンの大英博物館にコレクションされているようである。いつの日かそのオリジナル・プリントに接し、ポンティングの写真の全容に触れ、日本で見たもっと多くのものを知りたいという衝動に駆られている。

このような写真家の存在を改めて教えられ、日本の写真史を通して研究する興味の切っ掛けを与えて下さった長岡祥三氏に感謝する次第である。

原著まえがき

今まで日本のことについて書いている大勢の先輩に伍《ご》して、ここに敢えて自分の名を列ねることについて、私は少なからぬ恐れを感ぜざるを得ない。そこで私がこの本を書いた言い訳として、次のような理由を述べておきたい。初めて日本を訪れたとき、主な目的はこの国を思う存分写真に撮ることであった。というのは、私にとってカメラは、常に人生に生き甲斐《がい》を与えてくれるものの一つであったからである。日本を旅行した間に、私は数多くの覚え書きを書きとめた。そして、旅行者としての運に恵まれて、この美しい国を何度か再訪することができたので、この覚え書きもかなり膨大なものになった。そこで、日本に住んでいた友人たちが、私の写した写真とそれに関連して書いた経験談とを、一冊の本にまとめて出したらどうかと勧めてくれた。この案を実行に移すのは、大して難しいことではないように思えた。私がこの国で三年間旅行した間には、確かにおもしろい経験が数多くあったので、適当な分量の本にするために、何を削除するかが一番難しい問題であった。取捨選択の過程で、多くの出来事や訪れた土地についての描写を割愛せざるを得なかった。しかし、残ったものの中には、私が日本で知り得た最もすばらしいものについての記述があるはずである。

人々のよく行く有名な観光地には、当然それなりの良さがあり、訪れるには最適の場所であろう。しかし、この本をできるだけおもしろく読めるように、一般の旅行者がまず出合ったことのないような経験を二、三織り込んだ。そして、さらに目先を変えるために、先頃の日露戦争での私の経験や、現代の美術の名工や昔の刀鍛冶《かたなかじ》の立派な仕事のことも含めて書いた。

私は自分の文才については何ら自負することなく、たくさんの欠点があることをよく承知しているので、このような本を出すことについて、内心大いに忸怩《じくじ》たるものがある。しかし、もしこの本が日本の風俗習慣や風景など、特に今まで詳しく書かれたことのなかった地方の風物を、より一層理解するのに役立てば、私の目的は十分達成されたことになるだろう。

マレーの『日本案内記』の著者B・H・チェンバレン教授とB・W・メイソン氏に対し、彼らの手引きが大いに役立ったことを心から感謝したい。また、アンダウッド・アンド・アンダウッド社とH・C・ホワイト商会から、同社が版権を所有する私の撮影した写真の何枚かをこの本に掲載する許可をいただいたこと、およびセンチュリー・マガジン、ワールズ・ワーク、カントリー・ライフの各誌に寄稿した「浅間山登山」、「並河氏訪問記」、「昔の刀鍛冶の仕事」の文章を、この本に収録する許可をそれぞれの雑誌から得たこと、さらにC・J・土屋氏より同氏の「箱根案内記」の中から二、三の記事を引用することに同意をいただいたこと、以上の件についてそれぞれの方々にその御厚誼を感謝するものである。なお、私の助けになったと同時に楽しみともなった数々の本の著者に対し、それらの本から引用させていただいたことをお礼申し上げたい。

最後に、日本で私に親切にしてくれた日本人と外国人の友人たちすべてに対し、私が愛情を注いで作り上げたこの小著を完成させるために、彼らの温かい友情と好意が、はかりしれない励みとなったことについて、深甚の謝意を表するものである。

一九一〇年五月　ロンドンにて

H・G・ポンティング

目次

英国人写真家の見た明治日本

この世の楽園・日本

第一章　東京湾

サンフランシスコの美しい港を出航してから、ほとんど毎日のように大海原に青空が照り映える輝かしい日が続いた。毎日、夕方になると、行く手の一点の雲もない空の下に日が沈み、翌朝になると、船尾の晴れ渡った空に再び日が昇ってくるのであった。そして、次の日も前の日と同じようなすばらしい天気の連続であった。それは記録的な上天気の航海だった。こんなに天気が続いたことは船に乗っていた者の誰も記憶がなかった。しかし、良いことはそう長くは続かないもので、この上天気もついに終わりを告げる時が来た。それでも航海の最後の日になると、今まで我々に味方してくれた親切な運命の神は我々を見棄てなかった。最後の日の夕方の景色は、今までの夕方よりもなお一層すばらしかった。空には満月が懸かり、夜の海はこれ以上はないと思われるほど美しく、空気でさえも、これから訪れる夢の国の霊気が漂っているかのようにしっとりと感じられた。その夢の国も、もうすぐ夢ではなくなるのだ。

その翌朝、月光の輝きが暁の最初の光で薄れてくる前に起床した。夜が明けると間もなく横浜に到着する予定だったので、甲板に出てみると、船が早く走るために起きる穏やかな快い微風が、耳に優しい響きを伝え、陸地の香りが風に乗って運ばれてきた。船首の方へ行ってみると、鋭い舳先《へさき》が星空の映る鏡のような海を分けて進むにつれて、船首に近い細くなった部分の両側に、水しぶきが薄い羽のように高く舞い上がり、船の回りに広がるかすかな光を受けて輝いていたので、まるで船が光る海の中を進んでいるように見えた。世界中どこへ行っても、このように青白い光を放つ海をほとんど見たことがない。

我々の船が進んでいたのは、東京湾の入り口のすぐ近くで、時々平底の帆船か小型の釣り舟が急に夜の闇《やみ》の中からぼんやりと姿を現して、月明かりに照らされた銀白色の海面を幻影のように横切ったかと思うと、再び薄暗い影となって消えてゆくのだった。日の光が射し始めると、次第に舟の数が増し、その姿がはっきり見えるようになって、ついに何百という舟の群れが目に入ってきた。これらの舟は夜の仕事を終えて港へ帰るところであった。平底の帆船がゆったりした大きな帆を張り、小舟に乗り組んだ半裸の漁師たちが、月に照らされた海を背景にして、前後に体を揺らしながら長い櫓《ろ》を漕ぐ姿は、目新しくおもしろい一幅の絵を見るようで、これから訪れる国への期待に私の心は大きく膨らんだ。

釣り舟に注意を奪われているうちに、朝は早くも明けてきて、世界中の山の中でも最も美しい山、日本の芸術にすばらしい霊感を与えてきたあの富士山の優美な輪郭が、今や西の空にほんのりと浮かび上がってきた。

暁方《あけがた》の灰色の空に、まずピンクの光が射し始め、次いで青色の光と琥珀色《こはくいろ》の光が射してき

日の出の富士

た。虹色に輝く青空高く、山裾《やますそ》に漂う夜の靄《もや》のはるか上の方に、大空から吊り下げたように、円錐形をした清らかな富士の峰が聳《そび》えていた。

次いで赤味がかった東の空にまばゆい光が閃《ひらめ》くと、真っ赤な大きな日輪が、房州の山並みの上にゆっくりと昇ってきた。それとともに空全体が明るく紅《くれない》に染まり、富士の頂《いただき》を覆う雪は一面にピンクと薔薇《ばら》色《いろ》に輝いた。聖なる山の上には月が懸かり、風がないので帆が垂れ下がったたくさんの平底舟が、真珠貝のように青白く輝く湾の中に静かに漂っていた。

この時から何度も、私はこの比類なき富士の山を見てきた。日の照り輝くときも、嵐のときも、雪のときも、あらゆる状況でこの山を眺めてきた。日の出から日没に至るまで、どんな時刻でも見たし、春夏秋冬のいずれの季節にも、麓《ふもと》から二十マイル以内のあらゆる場所からこの山を見つめてきた。しかし、私が日本の水域に入って、初めて見たこのときの富士山ほど美しく感じられたことはない。

これが日本だったのだ。私がそれまで思い描いてきた甘美な夢も、このすばらしい情景が醸《かも》し出《だ》した最初の印象には遠く及ばなかった。その時以来、常に感じていることだが、日本は国旗として日の丸を採用しているが、それよりも本来の目的にもっと当てはまるのではないかと思うのは、日の丸の代わりに富士山の姿を国旗に描くことなのである。

最初の日本訪問以来、船で東京湾に入ったことが二回あるが、二度とも霧雨の降る中であった。もし私が霧の後ろ側に何があるか知らなかったとすれば、この夢の国に陰鬱《いんうつ》な印象し

〔上〕富士と薄の穂　〔下〕箱根の芦の湖からの冬の富士

か持たなかったにちがいない。日本では春の季節は雨が多く、富士はその魅力を守るのに大変気を遣うので、機嫌を損ねて何週間も続けて厚い雲の中に隠れていることがある。それ故、日本の港に入るときに、日が照り輝き、富士の愛想が良ければ、その人は日本の神々の恩寵《おんちょう》を受けることができたと思ってよいだろう。そして、その名誉を感謝しなくてはならない。

桜を楽しむ日本女性

藤棚の下で憩う人々
(亀戸天神にて)

〔上〕亀戸天神の藤　〔下〕堀切の菖蒲園

〔上〕蓮の庭　〔下〕菊花展

第二章　京都の寺

日本中どこへ行っても、古い都京都とその近郊の丘や谷間のように、こぢんまりした地域の中に、自然と芸術の組み合わせが、これほど惜しみなくその恩恵をばらまいた場所はないだろう。私は方々の国を何年も旅行したが、今まで見た中でも、最も優美で心を奪われる都として思い浮かべるのは、この京都である。

私は京都で多くの幸せな日々を過ごした。古色蒼然《そうぜん》とした寺から寺へ歩き廻ったり、周囲の森を探検したり、古い都の半分を取り囲んでいる丘の上を散歩したり、無数にある陶器や骨董品《こっとうひん》の店をのぞいたり、美しい保津川《ほづがわ》の早瀬を舟で下ったり、名高い工芸家の工房を訪れたり、一面に咲いた桜の花や、鮮やかに彩《いろど》られた紅葉の景色を楽しんだりしたものだ。この他にも幾多の楽しい思い出が心に溢《あふ》れ、このすばらしい古都がほかのどこよりも懐かしく感じられるのである。

しかし、京都の第一印象はあまり芳《かんば》しいものではなかった。というのは、停車場の付近は特に興味を惹《ひ》くような場所ではなかったし、都ホテルへ向かう道の家並みは魅力に乏しかったからである。けれども、人力車に乗ってしばらく進んで、とある通りへ入ると、失望は次第に消えて興味を覚えるようになり、最後には嬉《うれ》しさを感じるほどになった。その通りではどの店も骨董屋のように見えたが、群集が大勢群がっているので、車夫が進むのに苦労するほどであった。ちょうどその近くの寺で、大きなお祭りが催されている最中だったのだ。大通りには何百という屋台が立ち並んで、あらゆる種類の品物を売っていた。屋台を持っていない商人もかなりいて、地面に品物を並べて売っていた。

通りはたくさんの提灯《ちょうちん》やランプで明るく輝いていた。その色とりどりの光に照らされて、絹の布、陶器、青銅や真鍮《しんちゅう》の飾り物、綺麗《きれい》な小箱、そのほかたくさんの可愛らしい品物や骨董が、数多い盆栽の鉢の間に所狭しと並べられていた。盆栽は小さな楓《かえで》、松、桃、梅などの木であったが、この小人の国のような不思議な木の大部分は桜で、ピンクの花をつけた小枝が鉢から垂れ下がっていた。果樹園の古強者《ふるつわもの》らしく、桜の幹は曲がって灰色味を帯び、高さは一フィートあるかないかだが、四十年以上も経ったものが珍しくない。提灯や花で飾られた美しい光景の中で、群集に混じった大勢の芸者の華やかな着物が彩りを添え、世の中に何の気苦労もないようにみえる行楽客が、通りの端から端まで溢れていた。

これほど大勢の人で混雑して、そのうえ乗り物まで通るような道路わきで、優美で壊れやすいこんな品物を、屋台に並べたり、地面の上にさえ並べたりできるのは、日本人が生来温和な国民だという証拠である。もし英国で我が同胞にこれほどの信頼が寄せられたとしたら、その結果がどうなるか考えるだけでも身震いがする。

後で分かったことだが、その時の車夫は、私が初めて京都へ来たことを見抜き、特別に少しばかり回り道をして、新来者に綺麗な見世物を見せて喜ばせようと、わざわざ混む大通りを通ってくれたのであった。ロンドンで馬車の馭者《ぎょしゃ》が賃金をもらうお礼に、これほど濃《こま》やかな心遣いを見せることが考えられるだろうか？　これと同じようなちょっとした親切と思いやりを、日本で旅行した三年の間に、何度となく経験したことが懐かしく想い出される。特に都ホテルのよく気がつく支配人浜口氏がいろいろ親切にとりはからってくれたお蔭で、この古都に対する私の愛情はとみに深まったのである。ほんとうに楽しかった経験の多くは浜口氏の提案によったもので、彼に案内してもらって遠出をしたことが何度もあった。

都ホテルは京都で一番古いホテルで、東山《ひがしやま》の斜面の小高い所に建てられており、その目の前には美しい景色が広がっている。はるか下の方に見える瓦屋根の町並みは、粟田口《あわたぐち》の辺りで、高級な陶器と七宝《しっぽう》の中心地として名高い。南の方角の家々の灰色の屋根の間に、鮮やかな朱色が見えるのは、最近建てられた平安神宮の楼門と大極殿《だいごくでん》の端にある楼閣である。正面の深い木立に覆われた丘の松の木の間から、黒谷《くろだに》の寺（金戒光明寺《こんかいこうみょうじ》）の古い美しい建物がわずかにのぞいている。北の方には南禅寺《なんぜんじ》が周りを取り囲む濃い茂みの間から見え隠れしている。

谷間全体が周りを木の生い茂った丘で囲まれていて、昔から歌人がその美しさを讃《たた》えてきた嵐山《あらしやま》に日が沈む頃になると、大きな鐘の深い音が響き渡る。それは知恩院《ちおんいん》の巨大な鐘が、太陽がその進路を辿《たど》って一日が終わったことを報《しら》せる響きである。鐘の音は一瞬の間、柔らかく震えながら聞こえるが、それから木々の間から一段と大きく響いてくる。震える響きは町並みを越えて波のように押し寄せ、丘にぶつかってお互いに反響し合い、谷間も山も、その辺り一帯に鐘の響きが聞こえる。それはあらゆる方向から響いてくるかのように感じられる。宙《そら》から聞こえるかと思えば地面から聞こえるようにも思える。この土地の隅々まで大鐘の報せを伝えようとするかのように響き渡るその音が静まるまでには、たっぷり一分かそれ以上の時間がかかる。

この鐘は世界でも最大のものの一つで、東山の古い浄土宗の寺、知恩院の敷地の中にある鐘楼に釣り下げてある。寺の広々とした参道には砂利が敷きつめられ、両側から松と桜の木が枝を拡げている。手前に広い台地があり、そこから二層になった大きな門に向かって石段がついている。この楼門は日本でも有数の立派な楼門である。それは純粋な古い仏教建築の典型で、高さは八十フィート以上もあり、横梁《よこはり》や天井や軒蛇腹《のきじゃばら》や大梁が組み合わされ、全体に龍やその他の神秘的な動物の彫刻が施されており、極彩色《ごくさいしき》の唐草模様で装飾されている。門をくぐると、また石段が木の生い茂った斜面をさらに高く、寺の建物が建っている高台に向かって続いている。

高台まで登ると、どっしりした瓦葺《かわらぶ》きの大きな屋根が、流れるようなすばらしい曲線を描いて、屋根を支える巨大な柱や周りの木々の梢《こずえ》のはるか上の方に聳《そび》えているのが見える。大

知恩院の大鐘

きな仏殿や小さな仏殿や楼閣が方々に散在している。本堂の入り口のすぐ近くにある、青銅の巨大な蓮《はす》の花の扇形の縁から清らかな水が流れ出して御影石《みかげいし》の水槽へ注いでいる。参詣人《さんけいにん》は聖域に入る前にそこで口をすすぎ手を洗い清めるのだ。大きな入り口を入ったすぐの所で、一人の僧侶が一日中朝から晩まで、そして晩から翌朝まで、全く機械的に太鼓を叩《たた》いている。この自動人形は数時間ごとに他の人と交替するのである。太鼓を叩く僧はかなり年取っていて、自分たちの叩く太鼓の皮と同じように頭をつるつるに剃《そ》っている。

ブロンズのように磨き上げたたくさんの柱は、天辺《てっぺん》が大きな垂木《たるき》に組み込まれ、内陣はどこもかしこも金色の豪華な刺繡《ししゅう》で輝いている。祈禱《きとう》の時間になるとゆったりした絹の衣を着て、さまざまな色の華やかな錦織りの袈裟《けさ》をかけた大勢の僧侶が並んで入ってきて、漆塗りの経箱《きょうばこ》を前にして畳の上に坐る。祈禱のつなぎ目にどらが鳴り、祭壇の香炉からゆらゆら立ち昇る香《こう》のかおりがあたりに立ちこめる。全体の光景は驚くほど美しく、まるで色鮮やかな万華鏡を見るようだ。

知恩院の古い立派な建物には美術品が数多く所蔵されている。徳川将軍の中でも一番平和を愛した家光《いえみつ》は、僧侶のために方丈を建てた。その建物の部屋を仕切る襖《ふすま》は、狩野《かのう》派の有名な絵師の筆になる傑作で飾られている。中でも最高の逸品とされているのは、小さな八畳の部屋の襖絵で、狩野尚信《なおのぶ》の手によって梅と竹が描かれている。その隣の部屋にある狩野信政《のぶまさ》の描いた雀の絵は、あまりにも生き生きとしているので、まるで微かな羽音を残して飛び立

仏教寺院の内部

つかと思われるほどだ。狩野探幽《たんゆう》が一対の襖に描いた松の絵は本物そっくりで、その幹から松脂《まつやに》が滲《にじ》み出《だ》しているかのように見える。

知恩院の縁側や廊下には変わった特徴がある。それは欅《けやき》の板で作られているが、板の釘《くぎ》をしっかり打ちつけていないので、人がその上を歩くとわずかに動いて互いに擦《す》れ合《あ》い、優しい音を立てるのだ。その音は大変快く柔らかで音楽的な音なので、小鳥の囀《さえず》りのように聞こえる。この廊下は極めて詩的な表現で「鶯張《うぐいすば》り」と称されており、寺の魅力をなお一層すばらしいものにしている。

境内には大鐘を釣り下げた鐘楼がある。この鐘は一六三三年に鋳造されたもので、高さ十フィート八インチ、直径九フィート、重さは七十四トンある。ちょうど一世紀の間、この巨大な鐘は世界最大の鐘であったが、一七三三年にモスクワの大鐘として有名な「鐘の王様」が登場した。しかし、この大鐘は一度も使われたことがなく、その横腹の一部が大きく壊れたまま、クレムリン宮殿の敷地内に置かれている。それは作られてから数年後に火事に遭って壊れたのであって、世間の人の思っているようにナポレオンがモスクワを攻めたときの火事で焼けたのではない。一九〇三年に大阪の四天王寺《してんのうじ》の鐘ができたので、知恩院の鐘は日本第二位の地位に下がった。四天王寺の鐘は重さ二百トン以上、高さ二十四フィート、直径十六フィートである。

知恩院の大鐘を鳴らすときに、おもしろい儀式が行われる。重い撞木《しゅもく》を結わえていた鎖が外され、釣り下げられた撞木から下がっている引き綱を数十人の男たちが一団となって握り、いよいよ引き始めようとするときに一斉に詠唱を始める。あるところまで引くと綱をぐっと引き締め、できるかぎりの力で鐘の胴にある菊の紋めがけて撞木を打ちつけるのである。破壊用の大槌《おおつち》のようなこの横木のささくれた先端が巨大な鐘に当たると、鈍い響きが湧《わ》き起《お》こり、そしてすぐに柔らかな音楽的な反響に変わっていくが、それは都の上を流れて、ゆっくり消えていく。撞木がはね返ってもう一度打つ前に、それを抑えておいて、数分の間詠唱が続く。それから再び鐘の音が鳴り響き、反響しながら山や谷へ伝わっていく。

東山には他にも美しい寺がたくさんある。山の斜面には松や楓の木が濃い茂みをつくり、春になると、方々の緑の森を下地にして、華やかな桜の花を刺繡したように、色鮮やかな景色となる。このような美しい森の木蔭から、少なくとも十以上の寺の影がのぞいている。その中でも最大の寺は知恩院だが、一番美しくて絵のようなのは清水寺《きよみずでら》である。

清水寺へ行くには五条坂《ごじょうざか》を通らねばならない。この狭い通り全体が、陶器や安い小物などを売る商店街で、店の正面全体に長い紐《ひも》をかけて瓢簞《ひょうたん》の酒壺《さかつぼ》をぶら下げている店や、骨董や木工細工を売る店があるかと思えば、包丁やその他の刃物を売る店もある。この店で売っている桜の木で作った杖《つえ》は刃が仕込んであり、刃を鈍らせることなしに六枚もの銅貨を切ることができる。北斎《ほくさい》の描いた人物にそっくりそのままの年取った主人は、試し切りをして見せてから、慇懃《いんぎん》に申し出たわずかな代金を受け取る。五条坂には芸術的な陶器を売る店が集まっている。数多くの有名な店に、清水焼として知られている美しい青と白の陶器の優雅な作品が展示されているが、それを作り上げた優れた技術に対して比較にならないような安い値段で求めることができるので、ほとんどの見物人が寺に着くまでにこの通りで思ったより長い時間を費やすことになる。

この魅惑的な商店街を通って、広く世間に親しまれている古い寺へお詣りする人々の流れは、夜の間以外は絶えることがない。古い京都の都で、この興味深い通りほど、人間の性質をゆっくり観察できる場所はほかにはまずないだろう。

丘の斜面は大変傾斜が急なので、昔からある境内の建物の多くは地面の上でなく巨大な横木と杭《くい》で組んだ足場に支えられている。さまざまな御堂や柱廊や、櫓《やぐら》のある楼閣や塔などは、訪れるたびに何か新たな美しさがそこに感じられる。そして、それぞれの建物の張り出した縁側から下を眺めると、眼下に広がる「芸術家の都」が目新しくさらに美しく感じられるのである。

この寺は京都やその近隣の地方で、観音を祀《まつ》った西国三十三所の一つである。それぞれの寺には番号が付してあり、清水寺は第十六番目の札所である。観音を納めた厨子《ずし》は三十三年ごとにしか御開帳《ごかいちょう》されないので、不意に訪れた参詣人が尊像を拝むことのできる機会は極めて少ない。東方の古代の天文学者に知られている二十八星座を擬人化した二十八人の侍者（二十八部衆）が厨子の両側に並んでいて、台座の両端に悪の攻撃から世の中を守る四天王

たそがれ時の清水寺

が北西東南を守っている。四天王とは多聞《たもん》、広目《こうもく》、持国《じこく》、増長《ぞうじょう》のことであり、それぞれが二人ずつ立っている。

清水寺の中ではあまり有名でないが、特に哀れを感じさせるのが地蔵院《じぞういん》で、地蔵は子供たちの守護神である。それはほんの小屋に過ぎず、その中に幼児のよだれ掛けをかけた数百の石像が安置されているが、そのよだれ掛けは死んだ子の遺品を母親が持ってきてお供えしたものだ。そのお堂の前には、死んだ子供の冥福《めいふく》を熱心に祈っている婦人の姿がいつも見られる。そこは悲しい気の滅入るような場所で、子供をなくした哀れな母親がじっと悲しみを堪えている様子に、私は気が重くなってそこから離れるのが常であった。

本堂の外側に、椅子に坐ったかなり傷ん

だ古い像がある。それは奇妙な老人の像で、大勢の手で撫《な》でられて磨耗し、外観は傷だらけであった。その名は「賓頭盧《びんずる》」で、おもしろい謂《いわ》れがあり、いわば過去を持った神なのである。もともと彼は仏弟子十六羅漢《らかん》の一人で、肉体の病気を治す力を授けられていた。彼はその地位にふさわしい聖衣をまとっていたが、人間らしい気持ちを抑え切ることができなかったらしい。ある日、彼は隣にいた同僚の横腹を肘《ひじ》で突いて、通りがかりの婦人の美しさを賞《ほ》めた。この不謹慎な言動のせいで、この年寄りの聖人は仲間から追放された。仲間の弟子たちの像が仏殿の中にあるのに、賓頭盧の像だけがいつも外に置かれているのはそのためである。しかし、賓頭盧は下層階級の人々には特に人気があり、自分の身体の病気に罹《かか》っている場所に合わせて、この仏像の体のその部分を撫でると病気が治ると信じられている。何百年もの間、こうして人の手で撫でられたために、仏像の頭も手足もつるつるに磨かれ、ほとんど摩り減っていた。

この寺で夕日が沈むときの美しい眺めを見ようと、何度も夕方にここに通ったものだ。正面の楼門の燃えるような朱色の柱と弧を描いた庇《ひさし》は、夕方になると美しい絵のように見えた。瓢簞《ひょうたん》のぶら下がった通りへ通ずる御影石の長い階段は、さらに古い八坂《やさか》の塔《とう》へまっすぐ続いている。その塔は下の町を見下ろす昔ながらの守護神のように、灰色の姿で立っている。都の家並みの中のそこかしこに、どこかの寺の大きな反り返った屋根が、夕靄《ゆうもや》の中にぼんやりと大きく見える。西の方の嵐山の向こうに、黄金色に輝いて燃える太陽が沈んでいく

仏教寺院の高僧

と、神々しい清水寺の柱廊や楼閣が不思議なおとぎ話の世界へと変わっていくかのように感じられた。

しかし、月夜の清水寺はなお一層美しい。ある満月の晩に、日本の友人とその小さい娘、お君さんを説き伏せて、一緒に寺へ行ったことがある。日本人は夜こういう場所に行くことを好まない。というのは、彼らは想像力が強く迷信深いので、超自然的なことを信じている人が多いからである。そして、寺とかその他の薄暗がりの場所には、そこに住んでいた人の幽霊が出没すると思い込んでいる。だから、その頃になると、寺の建物は全く静まり返って人気《ひとけ》がなかった。

二つ目の門の入り口のところに、こわい顔をした龍の口から銀色の水がほとばしり出ているが、そこで友人がこれ以上進まないで、ここで月見を楽しもうと遠慮がちに提案した。しかし、私は全部見ようと決心していたので、もっと先へ進むことを主張した。暗い入り口に入ると、床の軋《きし》む音が壁や天井に無数に反響した。お君さんは恐ろしさで爪先《つまさきだ》立って歩いていたが、彼女の小さな頭の中は、きっと知っているかぎりのたくさんの化け物やおとぎ話で一杯だったのだろう。隅という隅には幽霊が潜み、あらゆる柱の陰には妖怪《ようかい》が隠れているのではないかと、彼女は薄暗い陰をじっと見ていた。まだらに剝《は》げた賓頭盧の頭が月明かりで恐ろしげに見えたので、お君さんは父親の着物に顔を隠して、我々二人に必死で縋《すが》りついた。

薄暗い廊下で、誰かが後について来るような気がして、思わず二、三度振り返って見た。しかし、誰もいなかった。後をつける者がいたわけではなくて、我々の足音が壁に響いてそう聞こえたのだ。奥の院まで行くと、突然、誰何《すいか》する声がした。それはそこに住んでいた僧侶だったが、我々が夜のお詣《まい》りにやって来た悪意のない単なる見物人だと分かったので、案内しようと親切に言ってくれた。お君さんはほっと一安心した様子だった。

辺りの木よりはるかに高く張り出した舞台の上に立って、「芸術家の都」のまたたく灯を見ていると、月の光が雲を銀色に縁取り、周りの欄干や厚く葺いた切り妻屋根の上に、柔らかな光と移ろいやすい影を投げかけていた。下の方にある小さな滝の優しい水音と、こおろぎの鳴き声のほかには、夜のしじまを破る物音は何一つ聞こえなかった。そのうち突然に一羽の夜鳴鶯《ナイチンゲール》がすぐ近くの梢で鳴き始めた。小さな喉《のど》から流れるメロディーは、トレモロを交えたすばらしい狂想曲《ラプソディー》で、一羽が鳴きやむと近くの木から新たな囀《さえず》りが始まった。こうして代わる代わるに鳴く鳥の声で、古い寺とあたりの森は華やかな音楽で一杯になった。小さなお君さんはこの思いがけない出来事に大喜びして、手を叩いて叫んだ。「鳥が皆で歌い合っているのよ。なんてすてきなのでしょう。ここへ来てほんとうによかったわ」

それは我々の散歩の最後を飾るすばらしい出来事であった。そして、楽しかったと同時に珍しいことでもあった。というのは、伊香保《いかほ》や軽井沢《かるいざわ》で夏に鶯が鳴くのを聞いたことがあるが、この辺りで鶯が鳴くのを、今まであまり聞いたことがなかったからである。

東山の山裾《やますそ》には、松並木のある広い石畳の道が迷路のように入り組んでいる。どの道も両側に深い溝があって、そこを小さな流れが微かな音を立てて流れている。寺の敷地はそれぞれ隣接していて、角を曲がるたびに彫刻した木の門や石段が目に入る。八坂の塔の近くに日本でも有数の立派な竹林がある。そこでは何千本という丈の高いほっそりした竹が、微風が吹くたびに頭を下げ合い、頭上五十フィートの高さで、細かい葉をつけた枝先が交わり合っている。私は写真を撮る前にそこをよく調べてみた。風が強いときはうまく撮ることができないし、日の光が強すぎてもその本当の美しさを表すことが難しい。ある日、日光が弱くちょうど私が望んでいたとおりの明るさだった。急いでその通りに行くと、運よく数人の芸者が人力車に乗って通るところだったので、頼んで写させてもらうことになった。邪魔されないために、車屋に林の両側の入り口に立って人が通らないようにしてくれと頼んだ。撮影の準備のため少し手間どって、かなり時間が経ち、やっと撮り終えたときに二人のきびした警官がやって来て、何故私が道路の通行を妨害するのかと質問した。警官と一緒に、車屋が一生懸命押しとどめていた何十人かの人々がやって来た。私の説明は丁寧に聞いてはもらえたが、何の役にも立たなかった。警官は私の住所氏名、それに車屋と芸者の名前をそれぞれ手間をかけて書きとめ、全員に罰金が科せられると申し渡した。しかし、このときの写真は予想したほど高くついたわけではない。その日の夕方、私のところに届けられた罰金の請求書は、全体で六シリングを越えない金額だったからである。

東山の山裾に三十三間堂《さんじゆうさんげんどう》と呼ばれているもう一つの寺がある。そこには三十二本の柱が一列に立ち並ぶ仏殿がある。ここでは清水寺とは全く違った印象を受ける。それは聖なる寺院というよりも大きな納屋のような感じだが、一種独特の大変興味深い寺である。建築そのものは似ていないし、それほどの美しさはないが、何故か北京《ペキン》の「千仏寺《せんぶつじ》」を思い出させる。この二つの寺は共通の特徴を持っている。千仏寺は千体の仏陀の像を誇りにしているが、この三十三間堂には慈悲の女神観音の像が千一体安置されている。一つ一つの観音像の額や光輪や手の上に、小さな観音像がたくさん付属していて、全体で三万三千三百三十三体にも達するという。その説明が正しいかどうか確かめる労力は放棄して、それをそのまま受け入れることにしている。

竹林の道を行く人力車

ひな段式の段に並んだこれらの鍍金《めっき》の観音像は、金ぴかで雑多な寄せ集めである。その密集した列は百ヤードの長さで大部隊を構成しており、広い建物の端から端までを占めている。像の大部分は非常に古いもので、絶えず修理されている。広い本殿の裏側に工房があって、一人の木彫り職人が坐っている。彼の一生の仕事は、森の木のように立ち並んだ聖像から、枝が落ちるように絶えず壊れて落ちる腕や手を、彫ったり直したりすることなのだ。何故なら観音はたくさんの手を持つ神で、一ダースより少ない手を持つ像はほとんどないからだ。我々が像の前を進んでゆくと、鼠《ねずみ》が床を走り廻り、像の群れの中に隠れてしまった。建物の裏手まで来ると、坐っていた老僧に呼び止められ、見物料として喜捨を求められた。

ある日、この寺の中で急に角を曲がると、一人の外国人の旅行者が誰も見ていないと思って、観音像の手をわざと一本折ってポケットに入れるのを目撃した。何の役にも立たない記念品の蒐集欲《しゅうしゅうよく》から、野蛮な行為をする人が時々いるのは不思議なことだ。あるとき京都で、会ったばかりの二人の旅行者に招かれて彼らの部屋に行ったことがある。彼らは出発を控えて、そこで荷造りに大わらわだった。私は床の上に美しい象嵌《ぞうがん》細工を施した襖の引き手が置いてあるのに気がついた。それを手に取ってみると、一目見ただけで非常に上等な品物と分かったので、品物を賞めながらどこで買ったのか尋ねた。驚いたことには、それは泊まった日本旅館の襖からむしり取ってきたのだが、もう面倒になったから棄てたのだということだった。

日本の旅館では、部屋の簡単な備品や装飾に、優美な芸術品が使われているが、その安全については、泊まり客の名誉に係わる問題である。だから、このような盗みが犯されれば、外国人が疑いの目を持って見られることがあっても、驚くには当たらない。このような行為が旅館の主人の心に植えつけた悪感情を元どおりにするには、長い年月がかかるだろう。しかも、これらの若い連中は、富裕なニューヨーク市民の息子たちで、使い切れないほどの金を持っている様子だった。

夏になると、東山の森は無数の蟬《せみ》がやかましく鳴く声で一杯になる。すると町中から小さな子供たちが、先端に鳥もちをつけた長い竿《さお》を持って、この陽気な昆虫を捕らえようと群れをなしてやって来る。蟬とりの子供たちの傍らを車に乗って通るとき、竿の先端を顔の前から振り払わなければならないことが何度もあった。そして、他の人々が、この危険な遊び道具で傷つけられるのを、危うく逃れるのをよく見かけた。だから、日本では子供が竿を不注意に操ったために、盲目になった例が多いと聞いても驚かなかった。

捕らえられた蟬はわずかな金で虫売りの店に売られる。虫売りは蟬を小さな籠《かご》に入れるのだが、その籠は極めて優美で繊細な細工で作られている。道傍《みちばた》にある虫売りの店には、何十種類もの虫のさまざまな鳴き声が溢れている。蟬には数多くの種類があり、それぞれ名前がついているが、子供たちは属名で総称して単に蟬と呼んでいる。いくつかの小さな籠から十数匹の蛍の点滅する光が見える。他の籠でも同じくらいの数々の地蛍《つちぼたる》が、微かな光を発している。虫売りの店には、虫に見とれる子供たちがいつも群がっている。

大部分の蟬の鳴き声は楽しく快いものだが、中には鋭い金属的な響きで、頭がおかしくなりそうなのもある。蟬の鳴き声は夏の到来を告げる印である。日本の国の端から端まで、季節が進むにつれて、蟬の声は次第に高くなり、林の中の眠気を誘うような歌声は、真夏には最強音《フォルテイッシモ》の絶え間ない鳴き声になる。ところどころに膨大な数の蟬が集まり、大合唱が盛大に始まるので、その絶え間ない騒音で朝から晩まであたりの空気が震えるほどだ。この林の音楽は八月の終わり頃から次第に弱音《デイミニュエンド》になり、十一月になると全く止んでしまう。

私は蟬の声が好きだ。だから、英国で最初に来る燕《つばめ》をいつも探し求めたり、郭公《かっこう》の声に耳を澄ましたりしたのと同じく、蟬の最初の鳴き声にいつも耳を傾けたものだ。日本の昆虫の甘美な鳴き声は、私にはかりしれない大きな喜びを与えてくれた。私は日本の夏も同様に好きだ。そして、夏が間近に来たことを報せる蟬の声を聞くと、心がいつも喜びで満ち溢れた。秋の林の中で、小さな歌い手の甘い歌声に耳を傾けていると、それが急に息絶えて木から落ちるのを見たことが一度ならずあった。体をむしばむ病気にも罹《かか》らずに、羽をこすり合わせて楽しい調べを最後まで奏《かな》でてきた力がついに尽きたのだ。陽気に浮かれて喜びをもたらしてくれた蟬は、最後まで自分も幸せで、人にも幸せを与えながらその一生を終えたのだ。

秋になって林の中を歩いていると、何か名状しがたいものが欠けているような気がした。

突然足許の小道に、以前あれほど陽気だった小さな蟬の死骸《しがい》を見つける。そこで私は林の中に何が欠けていたのかを悟るのだった。蟬の合唱は楽しい夏の合唱だった。それなのに林が緑から黄色に、そして茶色に、そして赤に変わってゆくと、その歌声も次第に静かになり、今や死んだように全く静まり返って物音一つしない。

名の知れた日本の寺で、庭園のないところはほとんどない。日本人生来の美しいものに対する愛情と卓越した技術によって、寺の僧侶たちは紛れもない美の楽園を作り上げることができたのだ。彼らは庭園を維持する術に長《た》けていたばかりではなく、年を経るに従って荘重さが加わって何一つ庭の配置は変えずとも、その美しさが増す術を心得た勝れた芸術家ぞろいである。

金閣寺《きんかくじ》の庭はこういう庭の一つで、自然の美と人工の美が一体となって巧みに融合しているので、そのほとんど大部分は、自然が何の制限も受けずに作り上げた作品としか思えないほどである。外国の観光客が見にくるのは、古い建物そのものよりもこの美しい庭が目当てなのだが、建物の中にも尾形光琳《おがたこうりん》、狩野栄信《かのうながのぶ》、狩野探幽などの有名な絵がある。大抵の京都の寺にはすばらしい芸術品が所蔵されているが、金閣寺ほど美しい敷地の中に建っている寺はない。この庭に啓発されて多くの有名な庭園が造られたが、この庭ほどの静寂の美に比肩し得るものは極めて少ない。

この寺は一三九七年（応永《おうえい》四年）に将軍足利義満《あしかがよしみつ》が建てたものである。息子義持《よしもち》に将軍職を譲った義満は、この別荘に引退して世間の俗事から離れて暮らすことにした。彼はその隣に禅寺を建てて、自らも出家して余生をそこで送った。

金閣寺は、以前この建物の上層部が金箔《きんぱく》で覆われていたことからこの呼び名がある。その痕跡《こんせき》は今も残っており、それを見ると想像力の強い者なら、昔の栄華を目の前に思い浮かべることができるだろう。池に臨んで建つその姿は美しい絵のようで、画家や各種の材料を使う工芸家が好んで用いる主題である。

古い楼閣に近づくと、池の縁に鯉《こい》が群れをなして集まってきて、番人が売っている炒《い》ったとうもろこしをねだった。鯉に餌《えさ》をやっていると、一人の若い僧が現れたので、それに注意を奪われた。その僧は玉突きの玉のように頭をつるつるに剃っていて、日本人の見物客の案内を務めていた。一列に並んだ見物客を前にして、若い僧は単調な甲高い調子で、襖や壁の絵を説明し、その後で客を庭に連れていって、由緒ある場所や有名な石などを説明したが、その間一度も地面から視線を上げなかった。彼は自分の流儀に従って、説明を諳《そら》んじていたが、心の中では全く他のことを考えていたようだ。しかし、見物客はそれをありがたそうに聞いていて、ときどき有名な名前が出てくると、感嘆のつぶやきを洩《も》らした。しばらくして見物人の一人が、他の人よりも探究心旺盛《おうせい》とみえ、もう少し詳しい説明を求めて質問の言葉をさし挟んだ。案内の僧は満足な答えができずに、剃り上げた頭を何度も撫ぜたり掻《か》いたり

金閣寺の庭で挨拶を交わす女性

した揚げ句、やっとのことで演説を始めることができた。

池は夏になると花の咲く植物でほとんど一面に覆われ、その周りを囲む散歩道には松や楓が涼しい木蔭をつくる。水面には小さな島があり、飾りとして置いてある石がいくつか頭を出している。秋になると、木の茂みは燃えるような鮮やかな色に彩られる。

冬になると時としてあることだが、松の木や寺の屋根が雪でうっすらと覆われると、古い庭園はなお一層美しく見える。

寺院の庭に、二百年もかかって丹精して作り上げた園芸術のすばらしい成果を見ることができる。それは帆を上げた舟を表す松の老木である。松の枝は注意深く剪定《せんてい》され、形を整えられて竹の枠の上に留められて、船体とマストと帆の形が見事に表現されている。それは観賞用樹木栽培として日本で最高の評価を得ている作品である。

金閣寺は都の北西の隅に建っているが、その反対側の北東の山裾には銀閣寺《ぎんかくじ》が建っている。足利八代将軍義政《よしまさ》が、将軍職を辞任後、一四八三年（文明《ぶんめい》十五年）にここに移り住んだ。日本の社会は義政に負うところが多い。というのは、この人里離れた美しい場所に隠棲していた間に義政は庭を設計した相阿弥《そうあみ》や、お気に入りの僧、珠光《じゅこう》と真能《しんのう》（能阿弥《のうあみ》）とともに、茶の湯の稽古《けいこ》に励んだので、茶の湯は彼らの庇護《ひご》の下にほとんど芸術の領域にまで達したのである。

銀閣寺へ行く道は段々畑の間を通っているが、その畑では大麦の収穫が終わるとすぐに米

金閣寺の舟形松

の植えつけが始まる。この豊かな農地の間を車を走らせてゆくと、立派な杉の木立や竹の林の中から、古い大きな寺の屋根がいくつも聳えているのが見えた。やっと銀閣寺の門前に着いて車を止めると、金閣寺の若い僧とよく似た頭をつるつるに剃った小柄な僧が出てきて、我々の案内に立った。

僧は美しい池をめぐる曲がりくねった道を案内して、洗月泉《せんげつせん》と呼ばれる流れの上にかかる橋を渡り、池の中にある小さな島の話を単調な口調で語った。それから銀閣へ案内されたが、銀閣寺という名前にしては、銀箔《ぎんぱく》は全然使われていなかった。何故なら将軍義政は銀箔を貼《は》るつもりだったのだが、それを果たす前に亡くなったからである。この建物は美しい外観と上層にある古い観音像以外には大して見るべきものはない。

若い僧は我々を再び庭に案内して、円錐《えんすい》形《けい》の砂山が二つある場所へ連れて行った。これはそれぞれ銀沙灘《ぎんしゃだん》と向月台《こうげつだい》と名づけられている。美しいものに一身を捧げた義政公は、銀沙灘の上に坐っては、唯美的な遊興を楽しむのが常であり、向月台の上でいつも月を眺めたものだそうだ。

寺の一室に僧衣を着た義政の木像があるが、それはまるで生きているかのようだった。もしこれが将軍を忠実に表現したものだとすれば、きっとそれは戦に臨んでいた頃の彼を模したものであろう。というのは、その顔は月を眺める気難しい僧侶というよりも、変装した勇猛な戦士にふさわしかったからである。

日本の多くの都市には古い寺や、大きな寺や、立派な寺や、その他あらゆる形容詞で賞めるに値する寺がある。しかし、仏教の寺というものが新しくできたばかりのときは、どんなにすばらしく堂々とした姿をしているか、それが見られるのは京都をおいてほかにはない。その例は東本願寺《ひがしほんがんじ》で、元の伽藍《がらん》は一八六四年の火災で焼失したが、八年の歳月を費やしてつい最近一八九五年に再建されたものである。

寺の境内を囲んでいる高さ十五フィートの大きな塀に門が二ヵ所ついていて、そのそれぞれに深彫りを施した壮麗なブロンズの灯籠《とうろう》が一対置いてある。境内に入ると、ブロンズの大きな蓮の花の洗《あら》い盤《ばん》があり、参詣人がお詣りの前に手を洗えるように、清らかな水がそこから流れ出している。蓮は仏教徒にとって聖なる象徴なので、蓮の花を模して作った洗い盤は方々の寺で見られる。

東本願寺の伽藍は、その簡素な美しさと壮大さによって、恐らく京都の寺のどれよりも印象的であろう。大師堂の巨大な屋根は曲線を描いて、地上百二十六フィートの高さに聳え、九十六本の大きな欅の柱がそれを支えている。これらの大きな柱や、その上にある無数の松材の横木をそこに釣り上げた方法は、日本の仏教を支えている堅固な基盤の一面を示すものとして興味深い。

新しい伽藍の造営のための募金が始まったとき、金の余裕のある者は寄進を行った。そし

東本願寺

て、金は持っていないが、強い力を持った者や手に技術を持っている者は、この大伽藍を建てるために自分たちの労働で奉仕した。さらに何千人という婦人たちが、自分たちにできることをして男たちに遅れをとるまいと、自らの黒髪を断ち切って二十九本の太い綱を縒《よ》り上《あ》げたので、それを使って巨大な柱や横木をそれぞれの場所へ釣り上げることができたのである。この人毛の綱は、一番太いものは周囲十六インチで、長さが約百ヤードあるが、記念品として寺に保存されている。それは明治の婦人たちが、生涯変わらず持ち続けた信仰のために捧《ささ》げた犠牲を象徴する、次の世代への悲哀に満ちた言づけである。

真宗の寺としてこれより小さいが、芸術家や古い時代の物を愛好する人にとって、尽きぬ興味を覚えさせる寺がある。それは西本願寺《にしほんがんじ》だ。その書院はまさに日本美術の最大で最高の宝庫といってよい。靴を脱いで、磨きこんだ冷たい床やひんやりする畳の上を歩きながら、この豪華な宝物を見て回るときほど、大きな喜びと崇敬の念を感じたことはない。本堂の格《ごう》天井《てんじょう》、唐草模様の横梁、金箔を貼った壁、彫刻した杉戸と欄間、金泥《こんでい》と漆を塗った厨子などはそれぞれすばらしいものだが、書院に飾られた豪華な美術品の前には色褪《いろあ》せて見えるのだった。

この書院の襖や杉戸や壁には、狩野派やその他の流派の傑作が描かれている。渡辺了慶《わたなべりょうけい》の描いた雁《かり》の図と猿の図、狩野秀信《ひでのぶ》の描いた蘇鉄《そてつ》の図と馬の図、狩野了琢《りょうたく》の描いた柳と鷺《さぎ》の図、牡丹と猫の図、狩野興以《こうい》が中国風の絵を描いた襖、吉村孝敬《よしむらこうけい》の描いた波濤《はとう》の図、狩野永《えい》徳《とく》の描いた虎の図、吉村蘭洲《らんしゅう》の描いた楓林《ふうりん》と鹿の図、円山応瑞《まるやまおうずい》の描いた竹と雀《すずめ》の図、海北友雪《かいほうゆうせつ》の描いた菊の図、藤の図、直実《なおざね》の図などである。その他の画家の作品も数多《あまた》あるので、丹念に見て歩けば数日を要するだろう。

　年取った僧が我々を案内してくれた。次々に部屋を回ると前よりも一層美しい部屋が現れるのであった。鶯張りの床を渡り、絵の描いてある杉戸を何度も通って、数歩進むごとに、有名な絵の前か、または見るべき場所の前に立ち止まって説明をしてくれた。

　その後で庭へ案内された。曲線を描いた美しい池に石橋や丸木を渡した橋が架かっていた。家鴨《あひる》が水の中を泳ぎ、草の茂みや楓の木蔭からのぞいている古い石灯籠は水面にその影を映していた。棕櫚《しゅろ》の木や、幅の広い葉をつけた芭蕉《ばしょう》の木は、寺の庭に熱帯風の趣を添えていた。木蔭の合間から寺の建物が見えなければセイロンにいるのかと思うほどだった。隅の木蔭に仏陀《ぶつだ》の像が置いてあり、大きな赤い鯉が足許の水中に輝いて見えた。鯉は我々の姿を追って、池の中をついてきたのだ。老僧が池の一角に渡した一枚石の橋の上から、一握りの餌を投げ与えると、鯉は争って貪《むさぼ》るように餌に食いついた。

　寺の境内には一本の立派な銀杏《いちょう》の木がある。もし火事になれば、その葉から水を吹き出して、聖なる建物を火災から守るであろう。

　知恩院や清水寺や本願寺が京都の主要な仏閣であると同様に、伏見稲荷《ふしみいなり》と北野天神《きたのてんじん》は京都で最も重要な神社である。

都の中心から伏見へ向かう道を、約二マイル行ったところにある稲荷神社が、農民階級の人々に特に人気があるのも、この神社の守護神が米の女神だということを知れば、別に驚くに当たらない。恐らく日本中で稲荷のために建てられた神社の数は、その他の神社や仏閣の数より多いだろう。もし方々の田舎の道傍にある社《やしろ》も含めて数えれば、何千という数になるだろう。稲荷の神社の特徴は、赤い鳥居と狐《きつね》の石像であり、鳥居はたくさんに並んで立っていることがある。なぜ狐の像があるかというと、女神がこの世に現れるときは、狐の姿に化身すると俗に信じられているからだ。日本では狐が大いに恐れられている。その理由は新約聖書の悪魔たちが、ガダラの豚が破滅する前に、悪魔払いをされてその中に入ったように、狐は人間の体に取《と》り憑《つ》いてそこに住みつく魔力を持っていると思われているからである。

大きな朱塗りの鳥居をくぐって、松並木の間の石畳の道を進んだ突き当たりに、稲荷神社のたくさんある社殿のうちの最初の拝殿がある。厚く葺いた屋根の軒下に、磨き上げたブロンズの大きな鏡が掛けてある。これは仏教からの借りもので、他の社殿にも備えてあるが、参詣者に「汝自身を知れ」と言っているのである。そこに神道の信条のすべての教えが象徴されている。神道には教理や道徳律は一切ないし、世俗的な誘惑を避けるようにもったいぶった訓戒を垂れることもしない。

神道の前提となっているのは、日本では誰でも生まれながら善悪を判断する本能を備えているので、より恵まれていない人々を導くための戒律は、一切不要だという考えである。鏡はその象徴であり、それが無言で説くのは、信者が自分の心を見詰めて、正しく規制された本能によって導きを受けられるほど清らかかどうかを確かめることである。

　稲荷神社にも他の神社にも芸術的な装飾物はない。その教義と同じく、簡素であることが神道の建物の基調であるからだ。渡来した仏教の精巧な手の込んだ細工や、豪華な装飾や、複雑な儀式を、日本古来の神道はほとんど模倣しなかったのである。

　稲荷につきものの狐の像はもちろんそこにあった。何対かの像が鳥が汚さないように金網をかけて置いてあった。石灯籠もいくつかあり、方々の社殿に真鍮《しんちゅう》や青銅の灯籠が吊《つる》してあった。

　広い石畳と何段もある石段が、たくさんの小さな社殿へ続いている。神社の境内では、一年中手を叩く音や鈴を鳴らす音が絶えない。それは参詣人が祈願をする前に、神様がよく注意して下さるように強く拍手《かしわで》を打って、さらに念のために青銅の鈴に、垂れている綱を打ちつけるからだ。

　本殿の縁側を守るように一対の狛犬《こまいぬ》の石像が置かれていた。それは毛並みの整ったたてがみと尾を持った恐ろしい顔の動物で、もともと朝鮮と中国から渡来したものである。狛犬は悪魔の攻撃をかわす力があると信じられており、日本の神社ではこれを見かけることが多い。北京のラマ教の寺には、一対のブロンズの見事な狛犬の彫像があるし、朝鮮のソウルの王宮の入り口を、大きな御影石でできた一対の狛犬が護衛している。

伏見稲荷の境内での易占い

一対の犬の片方は必ず口を開け、もう一方は固く口を閉じている。どちらが雄でどちらが雌であるか意見が分かれるところだが、ある日本の友人が「口を開けているのが雌に決まっていますよ。女が口を閉じていることなんて、できっこありませんからね」と言ったものだ。

稲荷の境内には易者や乞食《こじき》や玩具《がんぐ》売りなどがたくさんいる。その中の一人の老婆は、三銭出すとそのお礼に籠《かご》にいる小鳥を一羽外へ放してやるのだった。三ペンス出せば籠の鳥を全部放してやることができる。私が小鳥を皆逃がしてやるために、その倍額を払ってやると、老婆は喜びの笑みを浮かべ、感きわまった様子で感謝の言葉を述べた。

日本の易者は下町の人々の物事の判断に大変重要な位置を占めている。人々はあらゆる種類の悩み事について彼を頼りにする。わずかな代金と引き換えに、彼は恋に悩む乙女や不幸な妻に助言を与える。子供が罹った病気の結果がどうなるか母親に教えたり、旅に出かけようとする客にそれを中止するように警告したり、あるいは同意したりする。商売についての勧告を与える。将来を予測し、あるいは過去を露《あらわ》にする。手の平や人相を見て性格を当てる。結婚についての助言をする。紛失した品物がどこで見つかるか教える。そのほかさまざまな方法で客の悩みを慰め、助けようとするのである。

大抵の都会では、あちこちの寺で、積み重ねた数冊の本と一束の筮竹《ぜいちく》を入れた竹筒を前に置いた易者の姿を見かける。易者の忠告や予言に、どれだけ信頼を置くかは、それぞれの個人が決めるべき問題である。しかし、私が実際に見聞きした次の事例は、紛れもない事実であることを知っているので、興味をそそられる一例としてここに披露したい。

長らく日本に住んでいた私の友人の英国人が、長期の危険の多い航海をしなければならない仕事に乗り出すことを考慮中であったが、提供された船の船長の仕事を引き受ける前に、一度日本の易者に占ってもらうよう勧められた。そこで易者のところへ行くと、冒険は間違いなく成功するだろうとの助言を受けた。この助言に従って彼はすぐ契約に署名し、航海に乗り出したが、その結果は大成功だった。次の航海も、運が向いているとの易者の保証が得られたので、再び出発した。そして、順調な航海を終えて戻ってきた。三度目のときも、彼は易者に相談し、同じように成功を収めた。四度目にまた相談に行ったが、今度は今までと

日本の易者

違っていた。年取った易者は筮竹を手に取って振り分け、本に照らし合わせてから心配そうな顔つきをして、運の風向きが変わったので、もしその仕事を続ければ必ずや恐ろしい不運に見舞われるから、今度の冒険は止《よ》した方がよいと忠告した。彼は易者の能力を強く信じるようになっていたので、すぐに辞任を申し出た。やがて船は新しい船長の指揮の下に再び出帆した。それは何年も前のことだが、それ以来その船の消息は不明である。この友人の性格には迷信の入りこむ余地は全くなかったが、それにもかかわらず易者の能力に対する信頼は動かしがたいものであった。この出来事について、彼はこう言った。「私があなたにこのことをお話ししたのは、それだけの価値があると思ったからです。あなたがそれを笑い飛ばされるのはご自由です。しかし、私としては、この連中がペテン師でないことを確信しています。彼らは占いの術に精通しているので、実際に未来を見通すことができるのです」。彼はこの確信を忠実に抱いていて、それ以来、同じ易者に計画を事前に相談することなしに、決して新しい事業に乗り出すことをしなかった。そして、私にもこの易者と相談することを強く勧めた。

一九〇五年十一月に、私は日本を発《た》ってインドに向かった。いつ帰れるか分からなかったが、多分来年の六月には戻れるだろうと、忠実な召し使いに言い残しておいた。そして、五月のある日、朝の六時に東京へ戻って来た。その日の夕方、再び彼に召し使いとして働いてもらうために、七時の汽車で横浜に向かった。彼の家に着くと、私が前に言っておいた日にちより一ヵ月も早く帰って来たのに、彼は少しも驚いた様子がなかった。そのわけを聞いてみると、最近何度か易者のところへ占いを聞きに行ったのだそうだ。易者に、私がどこに行ったとか、私が何者だとかは一切言わずに、主人が今どこにいるのか教えてほしいとだけ頼んだ。最初の二回は、あなたの主人は何千里も離れたところにいるとしか易者は言わなかった。三度目は主人はいま海の上にいて、日本に帰る途中だと教えられた。四度目はこの日の夕方五時半のことだったが、再び易者のところへ行くと、主人は十里とは離れていないところにいて、今晩あなたに会いに来るだろうとの答えであった。彼がこう教えられたとき、私はまさに十里以内のところにいたわけで、易者の言ったとおり彼の家にやって来たのだ。もちろんこのエピソードは偶然の一致だという説明もできるだろう。私はただ事実を述べただけに過ぎない。

稲荷には易者が何人かいる。写真に写っているのはその一人で、農家の婦人から相談を受けて、その心配事を占うために筮竹を選《え》り分《わ》けているところである。彼女は京都まではるばる易者に見てもらうためにやって来たのであり、周りにはその母親と弟が心配そうに御託宣の下るのを待っている。易者の看板の旗が結びつけてある石灯籠は、この神社の簡素な様式をよく表している。

稲荷の境内を歩いて回れば優に三マイルはあるだろう。方々にある社殿や、鳥居が立ち並ぶ長い道を巡り歩けば、何時間もそこで過ごすことができる。鳥居はところどころで極く接近して建てられているので、隣とほとんどくっつきそうになって、長くつながったアーチのように見える。鳥居の大きさは六インチぐらいのものから十五フィートの高さのものまであり、社殿の周りに積み重ねるようにして置いてある極く小さなものまで数えれば、恐らく何千何万という数になるだろう。これらの鳥居は黒の下地の上を朱色に塗ってあり、木立の濃い緑と華やかな対照をなしている。

写真は一番背の高い鳥居の立ち並ぶ道を撮ったもので、鳥籠の前に坐った老婆ともう一人の易者が写っている。

どの神社にも必ずあるこの鳥居を、日本固有のものだと主張する人がいるが、そうではない。鳥居が何を意味しているかは論争の絶えぬ問題である。多くの権威者は、鳥居は日本古来のもので、神の使いの鳥の止まり木であったのが時代とともに変化して、単に象徴的な装飾物になったのだと主張する。しかし、キップリングは鳥居はヒンズー教に由来すると主張している。私がインドのラージプターナ地方のアルワルで訪れたヒンズー教の寺には、ほとんどこれとそっくりのものが建っていた。中国の牌楼《パイルー》も同様な考えで作られたものだが、もっと装飾が多い。その起源が何であるにせよ、鳥居は確かに心に感銘を与える建造物であり、その威厳のある堂々とした姿は、日本の芸術家が特に好むところである。稲荷にあるたくさんの鳥居は、祈願が首尾よく成就した信者が奉納したものである。

京都には散策に適した寺がこのほかにも数多くあり、それらの寺では今まで気がつかなか

伏見稲荷の鳥居の参道

ったような美しく風変わりなものを、何かしら発見することができる。北野天神には清水寺の「賓頭盧《びんずる》」のように、病気の治癒を祈願して、皆が手で撫でるブロンズの牛がある。壮麗な松の木立に囲まれた妙心寺《みょうしんじ》には、多くの美術品や、手で回すと中に納めたたくさんの経を読んだと同じご利益があるという輪蔵《りんぞう》がある。大徳寺《だいとくじ》の誇る秘蔵品は、数々の貴重な掛け物と、有名な狩野探幽の描いた一連の襖絵である。太秦寺《うずまさでら》（広隆寺《こうりゅうじ》）は仏像で有名であり、永《えい》観堂《かんどう》はすばらしい楓の木立に囲まれ、下鴨神社《しもがもじんじゃ》の境内には、さらに美しく壮大な森が生い茂っている。この神社で毎年五月十五日に行われる祭（葵祭《あおいまつり》）では、昔の服装をした優雅な大行列が見られる。黒谷の堂々とした古い寺院には、青銅の金具を打ちつけた大きな欅の扉があり、その本堂の広間を飾る美術品の数々は、寺の周りを囲む自然の美しさにも劣らないほどのすばらしさである。

人々が黒谷や知恩院や永観堂などの寺を訪れるのは、寺そのものを見に行くだけでなくて、時代を経て周囲の環境と見事に調和している優美な寺のたたずまいを眺めて、それを味わう楽しみを得たいからなのである。これほど堂々として心安まる舞台装置を考え出したのは、この世で最高の芸術家たちにちがいない。そして、何百年もの歳月を経て、時の経過のみが生み出した穏やかな魅力がそれに加わったのだ。これらの寺には、我々の心の底に触れる純粋で威厳に満ちた雰囲気がある。寺に向かって参道を歩いて行くとき、常に畏敬《いけい》の念を抱かざるを得ない。そして、寺の中へ入ると、いつも心が清められるような感じを受ける。

回転礼拝器を回す僧侶

そこでは心情が高められて一段と崇高な気持ちになれるからなのだ。その寺の信者であろうとなかろうと、寺の境内に入るだけで、何かしら恵みを受けることができる。その全体の美しさに加えて、人間の技術と大自然の造形とが、気がつかないほど巧みに融合されて、人々の気持ちを鎮め、悩める心に休息と喜びをもたらすようにつくられているからだ。寺の美しい境内を敬虔《けいけん》な気持ちで散策すれば、怒りは鎮まり、悲しみは和らぎ、悩みは消え失せて、いつしか満ち足りて安らかで幸せな気持ちになってくるのである。

私が黒谷で会ったある老紳士は、私と同じようにこの美しい国にすっかり魅せられていたらしく、私にこう言った。「あなたはまだお若いから、こういう美しい場所にきて、私がどんな喜びを感じるかお分かりにならないでしょう。あなたには若さも力もある。そして、若さが過去のものになり、力が失せてしまうときに備えて、記憶を蓄えるのにお忙しい。しかし、あなたが今ご覧になっているものの本当の魅力が分かるのは、その頃になってからです。私は年取っています。この国の平和と安らぎは、私が間もなく行く永遠の平和の世界の前触れとしか思えないのです。優雅で穏やかなこの国に来たことを、私はほんとうに嬉しく思います。こういう美しいものに囲まれて一生を終えることができれば、それ以上の幸運はありません」

第三章　京都の名工

京都の古くからある通りに並んでいる昔ながらの家々には、昔から古い技術が受け継がれてきて、現在も生き生きと栄えている。各種の工芸で、まだ十分成熟していない、あるいはまだ揺籃期《ようらんき》にあるものは、京都の伝統工芸に接することによって、一番美しく一番優れた表現方法について、啓発される点が多々あるだろう。青銅製品、刺繡《ししゅう》、陶器、象嵌《ぞうがん》細工、七宝《しっぽう》焼《やき》、金物、絹、その他多くの著名な日本の産品は、主として京都が発生の地であり、これらの店や仕事場を訪れるのは、通常の名所見物と同じように興味深いものである。

私が京都の工芸家のところで見聞きした数々のことを書けば、優に一冊の本となるだろう。黒田氏だけについても、たくさんのページが必要となる。しかし、ここでは、いくつかの簡単な出来事と事実だけを述べるに留めなければならない。

黒田氏は青銅の象嵌師で、彼に匹敵するのは紹美《じょうみ》氏しかいない。彼は非常に背が高く、がっしりした体つきで、髭《ひげ》を生《は》やしていなかった。そして、深みのあるよく通る声で英語を流《りゅう》暢《ちょう》に話した。京都に来たことのない人は、彼のところで作られたすばらしい芸術作品のことをほとんど知らないだろう。彼の傑作はどこの店にも飾られていなかった。その理由は、彼

青銅の象嵌師

は同時代の何人かの人々と同様に、商売や取引を一切軽蔑《けいべつ》していたからなのだ。彼は少ししか作品を作らなかったが、それらはすべて彼の家を訪れる目利きの連中によって買い求められた。

黒田氏や紹美氏の青銅の作品は、かつての長常《ながつね》、尋保《じんぽ》、寿良《としよし》、その他の昔の大家の作ったどの作品よりも勝れていた。というのは、多くの日本の美術工芸品が、極めて卑俗な外国趣味に迎合して質が低下したにもかかわらず、最も美しいものの一つである青銅細工は、数百年来の伝統の技術を強く堅持しているからである。

黒田氏が私に教えてくれたことについて、彼に深い恩義を負っている。それまで他の金属細工の店を長い時間かけて方々見て歩いたが、彼に会うまではまるで暗闇《くらやみ》の中を手探り

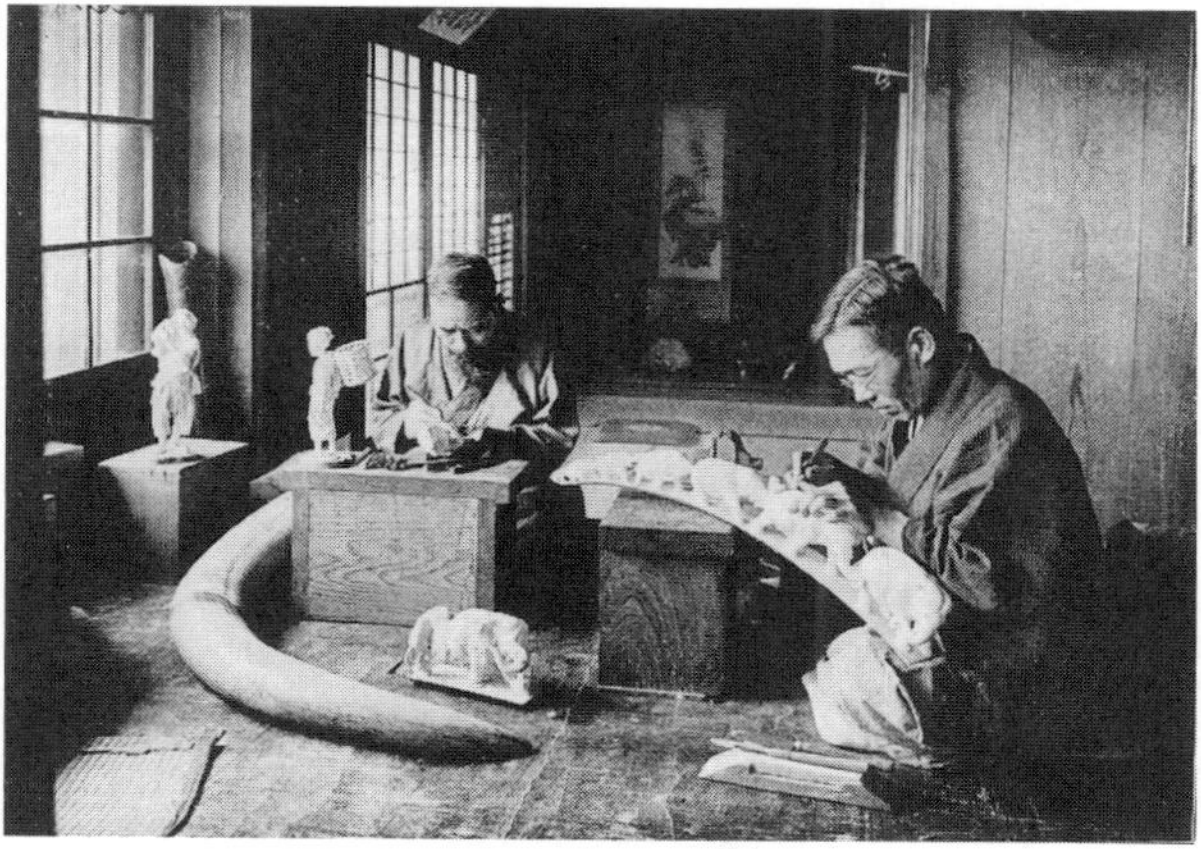
象牙細工の職人

で歩いていたようなものだった。彼の家を三度目に訪問したとき、彼はこう言った。「あなたは私の仕事のことをほんとうにお知りになりたいようですね。では、これからお教えいたしましょう。大抵の外国人は青銅細工のことを知っていると思っていますが、ほんとうにそれについて知識を持っている人はほんのわずかしかいません。多くの外国人に私の一番良い作品を見せるのは、報いのない仕事です。というのは、ある作品がそれとそっくり同じに見える他の作品に比べて、何故値段が四倍も五倍もするのか、彼らには理解できないからです。教育のある日本人でさえ、美術品の蒐集家《しゅうしゅうか》でないかぎり、日本の美術について何の知識も持っていません」

彼はこう言いながら近くの棚のところへ行って、注意深く慎重に考えた揚げ句、いろいろな大きさの同じように見えるたくさんの箱の中から一つを選び出した。そして、それを開けて、錦織りの袋を取り出し、その中から青銅の飾り板を取り出した。

「さて、これをどう思いますか？」と彼は私にそれを手渡しながら言った。私はそれを注意深く調べてみた。青銅の板は微妙な古色を帯びた濃い金茶色の美しい色をしており、金や銀のほかに、赤銅やその他の青銅の合金を使って浮き彫りにした象嵌が施されていた。銅板の構図は伊豆半島の根元にある静浦《しずうら》から見た有名な江浦湾《えのうらわん》の景色を表していた。打ち寄せる波は、銀の波頭を見せて岸辺を洗い、海の上には、銀の帆に微風をはらんだ金の小舟が、風に乗って走っていた。浜辺の近くには、いろいろな合金でできた老松の林があり、遠くに雪を被った富士山の銀の頂が四分一《しぶいち》（原注―銅に銀を混ぜた合金）の雲の上に浮かんでいた。値段は八ポンドだった。

　私が今まで訪れたどこの店でも、その図柄においても細工においても、これほど美しい品物を見たことがなかったので、彼にそう言った。

「私がその品物をどう思っているか、分かりますか？」と彼は言って、返事を待たずに続けた。「今ご覧になっているのは、単なるがらくたに過ぎません。日本の蒐集家は二度とそれを見向きもしないでしょう。では、目の利く日本人が上等の品物だという物をお目にかけましょう」

　そういって彼はもう一つの箱を開けて、同じような大きさで直径が約七インチあるもう一枚の飾り板を取り出して、私に手渡した。図柄は同じだったが、全く同じではなかった。その風景は同じく江浦湾で、富士と小舟と松林とをあしらった絵であったが構図が異なっていた。しかし、私が強く感銘を受けたのは構図の違いではなく、その細工の卓絶した見事さであった。両方の作品を並べて、よく観察してみると、それだけでも良い勉強になった。片方の作品は確かに美しかったが、もう一方の作品は比較にならないほど美しかった。両者の間には、手造りのカット・グラスと型押しのカット・グラスほどの相違があった。この違いは最初ちょっと見ただけでは分からないが、細かく調べてみるとはじめて、大変な技巧と莫大な労力が片方には費やされ、もう一方にはそれが欠けていることに気がつくのである。二枚目の飾り板の値段は三十ポンドで、最初に見た飾り板の四倍近い値段であった。嵌《は》め込んだ金や銀の厚みが厚く、青銅の品質も一段と上等であったが、値段の高いのは、主としてこれだけの細工をするのに費やされた技術であった。

黒田氏の話によると、彼の作品の中でも最高の品物は、英国人かフランス人の客が買い求めるということであった。小さな花瓶や飾り板は人気のある品物だが、もし美しさと実用性が一体になった品物を望むなら、何か簡単な意匠のもの、例えば薪《たきぎ》を背負う百姓とか、戦う二羽の闘鶏とかを浮き彫りの象嵌にした、四分一のシガレット・ケースかカード・ケースがよいだろう。しかし、もし細工の特に優れた品物を望むなら、十ポンドをそれに払わねばなるまい。それでもこのケースの所有者は、それがこの種のものの中では最高の技術によって

精巧な細工の施された刀の鍔《つば》

作られた品物だと知っている満足感を常に抱いているので、彼にとってこのケースは「永遠の喜び」となるであろう。

紹美氏の店では黒田氏に劣らず完璧《かんぺき》な象嵌細工を見ることができる。紹美氏は銅の打ち出し細工でも第一人者である。

紹美氏はある日のこと、黒田氏が青銅細工で私に教えてくれたように、銅の打ち出し細工で同じように有益な実例を示してくれた。彼は単純だが趣《おもむき》のある意匠を施した二個の花瓶を私に見せてくれたが、それは球形で、細長い首がついていた。胴の部分は直径が約四インチで、首は長さが六インチ、幅が半インチほどであった。その二つはどこから見ても全く同じ一対の品物のように見えたが、片方の値段はもう一方の五倍であった。その理由は両方とも銅の平板から打ち出したものであるが、一方は底を溶接して作ったもので、もう一方は一枚の板を打ち出したものであった。大きな丸い胴と底と細長い首のついた花瓶を、一枚の金属板から打ち出すということは、金属細工師の技巧の極致を示すもので、このような大変な手間を避けて、細工がしやすいように底を大きく開けて作った同じような品物とは、値段に大きな開きが出ることは、素人にも理解できることである。

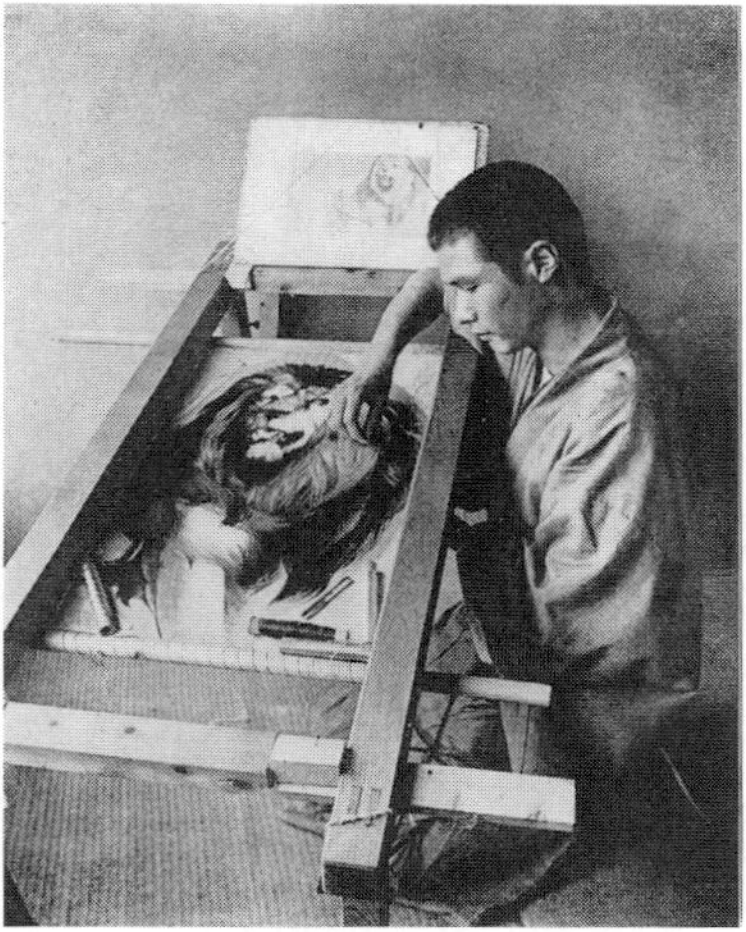
刺繡職人

京都の有名な工芸品として、鉄の象嵌細工がある。優秀な品物を作る職人が二人いて、両方とも駒井という同じ名前であるが、親戚ではないということだ。

私はS・駒井の作ったシガレット・ケースを持っている。その蓋《ふた》の上についている図柄は、松の木の上に一羽の鷲《わし》が止まっていて、二羽の小鳥が近くに侵入してきたのに怒って、羽を逆立てている図である。小鳥たちは木の上に敵が隠れているのを知らなかったのだが、今それに気がついて、口を開けて恐怖の鳴き声を上げている。

鷲と松の木は濃淡さまざまな金で見事に細工されており、松の枝には銀の雪が厚く積もり、雪がぱらぱらと舞っている。鳥の羽や松の葉が一枚一枚克明に象《かたど》られて、鉄の中に打ち込まれている。松の木の肌には、驚くほど自然に、その模様が浮き出ている。裏蓋の上には、火を吐く龍が怒ってのたうち回っている図柄がついている。龍はさまざまな色合いの金で象嵌され、鱗《うろこ》の一枚一枚は別々に細工されている。蓋の内側には、山頂に銀の雪を被り、金で縁取りされた富士山の絵が細工されていた。

この美しい日本の工芸品は、いくら見ていても決して見飽きないほどであったが、私がその真価をほんとうに認識したのは、スペインで最も有名な象嵌細工の工房として知られているトレドの大きな刀剣製造所を訪問してからのことである。ある日私は象嵌細工をしている部屋に入っていって、ケースを取り出し、職人の長の机の上にそれを置いた。その男は驚きの叫び声を上げてそれを手に取り、一目見るや否や、一言も言わずにそれを持って、もう一つの部屋に入っていった。

五分後に彼は五、六人の他の男たちを連れて戻ってきた。彼らは方々の部門の長であった。この熟練した職人たちは、半時間ほど拡大鏡でケースを微に入り細に入り調べ上げて、溜息《ためいき》をつきながら今までこれほどの品物を見たことがない、意匠の美しさにおいても仕上げの完璧なことにおいても、これに匹敵するような技術を持った者はスペインには一人もいないと言った。その日以来、この美しいシガレット・ケースは私にとってなお一層貴重な品物となった。それはその価値に対する私の評価が間違っていなかったことが、ヨーロッパの最高の専門家によって確認されたからである。

粟田口《あわたぐち》は、世界中に大量に輸出されて、アメリカやヨーロッパの店で普通「薩摩《さつま》」といわれている、模様を多く施した陶器の生産の中心地である。それは釉薬《うわぐすり》をかけた表面に細かいひびの入ったクリーム色の陶器で、薩摩の国の鹿児島で生産された有名な「薩摩焼」の模造品である。

この粟田焼は、さまざまな変わった模様で彩色されていて、輸出品の生産高では全国一を誇る。大きな製造所が数多くあり、そこのどの部屋も床一杯に花瓶や壺《つぼ》が所狭しと並べてある。そこでは、ずらりと並んだ男や女に少年や少女も交じって、下地を手早く塗り上げ、模様を描いて、毎日たくさんの数を仕上げている。

安田や錦光山《きんこうざん》の作業所では、陶器作りの工程を、土を混ぜるところから出来上がった製品の包装まで、全部通して見ることができる。これらの作業所の経営者は、親切にも訪問客を助手に案内させて、どんな質問にも答えられるようにしている。訪問者は作業場の中を歩いて、粉砕機、粘土を混ぜる桶、轆轤《ろくろ》、窯、絵付けの部屋などを次々に見ることができる。

錦光山の作業所で働く一人の年取った陶工に、私は何にも増して強い興味を抱いていた。彼は春夏秋冬いつ訪れても轆轤の前に坐っていた。彼の着ている着物は、時候が暑くなるにつれてだんだん薄くなり、ついに八月になると褌《ふんどし》一本の姿となる。リューマチを病む体の方々に膏薬《こうやく》が貼《は》ってあった。私は彼の仕事を何時間も飽きずに見守っていた。彼はひと塊の土を削りとって、轆轤の上に叩《たた》きつけ、器用な手つきでそれを軸の上で素早く回転させる。そうすると、生命のない土の塊が魔術師が魔法をかけたように、彼の手の動きに応じてむくむく持ち上がるのだった。指とへらを使って、それを膨らませたり凹《くぼ》ませたりして、もう一度口のところで膨らませるのを見ていると、まるで何か呪文《じゅもん》を唱えて作り出すのかと思われるほどだった。そして、最後に私が熱心に見ている目の前で花瓶が出来上がる。そうすると一本の針金をとり出して、それを轆轤から切り離して傍らの床の上に置く。その優美な花瓶は、前に作った花瓶に比べて、釣り合いや寸法に全く狂いがない。

陶工の小屋の近くに乾燥室があって、できた品物をそこに数日間置いて自然に乾くのを待つ。その次に、釉薬をかける部屋があり、最初の窯入れの後、二度目の窯入れの前に釉薬をかける。窯を見るのもおもしろい。品物を入れたときも出したときも、開け放しのままの窯もあるが、その他の窯は熟練した技術者が注意深く番をしていて、密閉された窯の小さい穴から絶えず火をかき立てている。

ヨーロッパやアメリカの市場が要求するような絵柄は、日本人が見るに堪えないような醜

〔上〕絵付けをする女性〔下〕轆轤を回す陶工

いものだが、この美しい陶器にそういう醜い絵を描いている職人のほかに、安田や錦光山のところには、限られた数々の品物に優美な絵を描く絵付け職人がいる。錦光山のところでは、こういう絵付け職人は庭の中の小屋を仕事場にして、何週間も、時には何ヵ月もかかって、小さな花瓶に精密な絵を描き上げる。美しい風景や伝説や歴史に出てくる場面が、濃い青を背景にして、楕円形と唐草模様の中に浮き出すように描かれている。金色は豪華さを添えるときだけに使われる。

京都の陶器の絵付け職人の中でも最高の人々の描いた作品を、強力な拡大鏡で調べてみると、すべて細部に至るまで非の打ちどころがなく、あらゆる木の枝の一本一本や、鶏の羽の一枚一枚に至るまで、忠実に描かれているのがよく分かる。

錦光山の展示場で、絵で飾られた青い陶器の並外れた豪華さと美しさに目を見張らない者はいないだろう。それによって彼は京都の陶芸家の中でも最高の地位をかち得たのである。彼は、粗野な外国趣味の要求を満たす一方で、日本の細密画の水準を維持することを目標にしていた。だから、彼の作業場を訪れてから三年後のある日、オックスフォード街にある日本の品物を売る店で、錦光山の最近の作品をいくつか見たとき、ひどいショックを受けたのである。それは日本人の手になる品物としては、趣味が悪く欠点だらけの絵で、最低の品物だった。青い背景の美しさはそのままだったが、金の装飾をやたらにけばけばしく塗り立ててあった。そこに描かれているのは、美しい日本の風景の代わりにヨーロッパ風の風景で、白鳥だか鵞鳥《がちょう》だか分からない鳥が泳ぎ、何の種類だか見当のつかない木が生えていた。日本が顧客を教育して自分自身の水準まで高めさせる代わりに、自分の芸術をこんなにまで無理に堕落させなければならないのかと思うと、非常に悲しく感じた。

錦光山の例が示すように、日本人の商売上の本能が急速に拡大しつつある現在でも、芸術に対する純粋な愛情から逸脱したような仕事をする者がほとんどいなかった時代の、古い日本の精神はまだ完全に死んではいない。次に述べるのは、そのことを示す一つの例である。

数年前のことだが、京都の自分の家で仕事をしている年取った陶器の絵付け職人が、ある日、神戸の外国商人の店を訪ねた。店に入った彼は持ってきた品物を見てほしいと言って許しを得ると、包みを開いて十余りの小箱を取り出し、さらに箱の一つ一つから精密な絵を描いた見事な陶器を取り出した。それを床の上にそっと並べると、傍らに跪《ひざまず》いて、一つずつ慎重に調べた。品物全部が値踏みされ、それぞれに値段がつけられると、商人は足でそれを指しながら、「全部買えば、どれだけ引くのかね？」と言った。年取った職人は、怒りに燃えた目つきでさっと立ち上がると、「どんなにお金を積んでも、決してお売りできません」と言って、素早く品物を包み、一礼して一言も言わずに出ていった。

この出来事を私に話してくれたのは、そのときの面喰《めんく》らった商人の友人であった。日本の家では、足を使って物を指し示すほど大きな侮辱はない。日本では陶器の絵付け職人といえども、厳格な礼儀作法を守る環境に生まれ育っている。だから、彼は、自分が何週間もの

七宝焼の職人

間、精魂を傾けた作品が、こんな侮辱を受けたのを見て、愛情こめた品物をそんな軽々しく考える者の手に渡すくらいなら、むしろ一切売るのをやめたほうが良いと思ったのだ。

七宝焼の技術は、歴史が新しいわけではないが、その技術をこの国でも他のどこの国でも達し得なかった最高の水準にまで高めたのは、京都で現在活躍している何人かの代表的工芸家の力である。B・H・チェンバレン教授は『日本事物誌』の短い文章の中でこう書いている。「七宝の技術が初めて日本へもたらされたのは約三百年前のことであったが、それが完成されたのはやっと十九世紀の四分の三が過ぎてからである。京都の七宝焼の名工並河《なみかわ》氏が訪問客に見せてくれる品物は、単純で大まかで、一見古くさく見えるが、一八七三年以降に作られたものである」

しかし私が最初訪れたのは並河（靖之《やすゆき》）氏の家ではなかった。他の都市で七宝の製作過程を実際に見たことがあり、以上の文章を読む前にすでに京都で数軒の七宝の製作者を訪れていた。私はこれを読んですぐに、この有名な工芸家の訪問を計画した。そして、その訪問が終わったとき、他の店を先に見ていて良かったとつくづく思った。というのは、同時代の工芸家がほとんど到達し得なかった地位を築いた彼の技術の優秀さを、初めてその日に見て、今まで見たものと比較してその真価をより良く認識することができたからである。しかし、皆が見に行くのは、彼の作品のみならず、この有名な工芸家が自ら作り上げた優美で独特な環境を見るためでもある。彼の住まいや庭は大層美しく、彼の人柄は極めて個性に富んでいたので、彼の家を訪れたときのことは、京都の思い出の中でも最も楽しかった思い出として、私の記憶に永く残ることであろう。

どれもこれも全く同じような瓦葺《かわらぶ》きの二階家が建ち並んだ通りを、次から次へと人力車を走らせて行ったが、通りの家の羽目板や障子の後ろに、宝物のような美術品が隠されているような気配は全然見えなかった。細かく探してみて、やっと目についた手がかりは、駒井とか黒田とか紹美とか英語で書いたごく簡単な看板だけであった。しかし、美術工芸の入門者にとってこれらの文字は重要な意味がある。というのは、前にも述べたように芸術の世界ではこれらの名前は呪文に使われるほどの魔力があり、今世紀に生み出された最も偉大な工芸

七宝師の並河靖之氏

家たちの姓なのである。

元気者の車夫は指示を受けたとおりに、これらの看板の前で立ち止まったりせずに、早足で走り続けて、ついに粟田口の静かな横町へ折れると、とある小綺麗《こぎれい》なしもたやの前で立ち止まって梶棒《かじぼう》を下ろした。私は最初何かの間違いかと思ったが、車夫は額や、剛《かた》い毛の生えた頭から吹き出す大粒の汗を拭いながら、人の良い笑みを満面に浮かべて、小さな標札を指さした。それは門に掛けてある数インチの長さの名札で「七宝師Y・並河」と簡単に記してあった。

すぐに玄関の戸が開いて、一人の青年が「お早うございます」と挨拶《あいさつ》した。後で分かったのだが、それは並河氏の義弟であった。

庭をちらりと横手に見て案内されたのは、純然たる日本間であったが、ただその一隅に大きな戸棚と優美な中国風の黒檀《こくたん》のテーブルが置いてあった。

この部屋で並河氏と初めて会ったのだが彼は落ち着いた話し方をする物腰の丁寧な人物で、その洗練された古風な顔立ちは、芸術家特有の優しい感受性と豊かな性格を表していた。広く高い額は知性と教養を物語っていた。穏やかで優しい眼は思いやりのある性質を示しており、話をするときは、上機嫌で楽しそうにその目を輝かせた。鼻は日本人としては大きい方だったが、鼻筋は細く、育ちの良さと繊細な性格を表していた。形の良い口の下にある顎《あご》は、やや幅広だが特に目立つほどではなかった。それは教養のある洗練された紳士の顔であった。彼は英語を話さなかったが、義弟の通訳にすべてを任せており、一緒にお茶を飲むよう勧めてくれた。それは私が部屋に入るとすぐに用意されていたのだ。

さて、並河氏は、今日の日本の芸術家の大部分と同様に、自分の国の古い習慣から完全に脱却していたので、彼の家を訪問した私の目的に気がつかないような振りをしなかった。京都や日本のその他の地方では未だに近代的な商売のやり方に馴染めない昔気質の工芸家が何人か残っているので、ほんのちょっとした品物を買う交渉をするのにも、午後の半日を費やさねばならないことがある。訪問の目的は最初からはっきり分かっているのだが、できるだけ慎重な態度でそれを切り出さなければならない。あるいは誰か日本人か、またはこの国の習慣によく通じた外国人に口火を切ってもらうのが良いかもしれない。そして、品物を大いに賞めそやしたり、いろいろ話をしたりした後で、言葉の表現に注意しながら、意見をあからさまにせずに話し合いをしなければならない。その結果、やっとのことで値段に折り合いがついて待望の品物を手に入れることができるのだ。

しかし、並河氏の家では、こういう遠回しに探るようなやり方は一切必要なかった。彼は客の来意をよく承知していたし、一般に外国人の客はあまり辛抱強くないこと、そしてその日のうちに他の工芸家の家を何軒も回る予定を組んでいることが多いことを心得ていた。
並河氏は芸術家であると同時に実務家でもあった。私がお茶を啜《すす》っている間に、彼は手近の戸棚から数個の箱を選び始めていた。一ダースほどの箱を選び出すと、それを私の前のテーブルに置いて、早速その一つを開いた。そして、その中から黄色い薄手の綿布にくるんだ包みを取り出した。包みを開くと、もう一枚同じような布の包みがあり、それを開くとさらにもう一つ絹でくるんだ包みがあった。彼は絹の布を開いて、一個の七宝を私に見せてくれたが、それはデザインにおいても色調においても極めて優れたもので、私が今までに見た最高の品物でさえ、それに比べると未熟な作品としか思えなかった。彼が次々と箱を開いて、鮮やかな珠玉のような美術品を目の前に並べたとき、私は紛れもない名匠の前にいるのだということを、自ずと悟ったのである。というのは、その作品はいずれも正真正銘の傑作揃《ぞろ》いだったからである。

小さな花瓶のいくつかは、地色が黄であったが、クラウン・ダービー（英国ダービー産の高級磁器）のような色ではなかった。その他の花瓶で、デザインも色も一見ローヤル・ウースター（英国ウースター産の高級磁器）を思わせるような花瓶があったが、それは本来的に日本のものであった。全体の色調が、矢車菊のような優美な青と、孔雀《くじゃく》の羽のような光沢のある青の、小さな壺や小箱があった。地色が赤のものもあれば、オリーブのような緑色のものもあり、群青や濃い紫の地色をしたものがあった。すべての作品が、私の今まで見た品物のどれよりも美しい模様で飾られていた。それぞれが彫刻を施した黒檀の台に載せてあり、台そのものもそれなりに優美であった。

日本中どこへ行っても、一番良い品物を最初に客に見せるようなことはしない。黒田氏が言ったとおり、初心者に最高の品物を見せるのは、徒労に終わることが多いということを、日本人はよく知っている。だから、客の関心と鑑賞力が本物だと分かった場合だけ、一番大切な品物を持ち出して見せるのだ。こういう京都の工芸家たちは、客の知識やその意見の価値をすぐに判断する。決して彼らを欺くことはできない。工芸家自身の監督の下に作られた品物を、一番良く知っているのは彼なのである。見せかけだけの知識はここでは通用しない。本物の鑑定家は品物を見る目つきですぐ分かるが、同様にいくら玄人を装ってみても、話を聞けばたちまち正体がばれるのだ。しかし、熱心に学ぼうとする者は、喜んで歓迎される。

私が讃嘆するのを見て、並河氏は他のもっと大きな品物も見せてくれた。けれども、巧緻を極めた最高に美しい作品を見ることができたのは、その数年後に何度目かの訪問をしたときのことだった。それは昔の大名行列を描いた一対の花瓶で、皇室の御下命によって最も熟練した職人が一年以上も費やして作り上げたものであった。大きな作品はどうしても小さな斑点や疵《きず》がつきやすいので、大型の全く完全な品物を作るのはほとんど不可能とされてきたが、ここでは大型のものも決して小さいものに劣らなかった。注意深く調べてみたが、それ

並河氏の工房と職人たち

は今まで見たことがないほど完璧な出来栄えであった。

予期したように、どの品物も、前に私が見た品に比べるとはるかに高価であった。もしこれらがロンドンやニューヨークの高級品の店に展示されたら、同じ重さの金よりもずっと高い値がつけられるだろう。ついでのことではあるが、並河氏の工房で作られた品物が一般の店に出回ることはほとんどないという話である。製作される品物の数が少ないので、彼の家を訪れる鑑定家や蒐集家の需要が、時として供給を上回る結果となる。現在は販売に見合う量が十分に賄い切れていない。問題の解決は、師匠の衣鉢《いはつ》を継いで、その製作方法と出来栄えを見習う弟子たちの肩にかかっている。テーブルの上に並べられた作品は値段が五ポンドから五十ポンドまでの品物で、大きくて高価なのは十五インチほどの高さの花瓶であったが、濃い青の地色の上に、白と紫の下《さ》がり藤《ふじ》の模様が描かれていた。

芸術の美と同様に、自然の美しさに囲まれているこの家の中に置かれていると、どの作品も蒐集家の戸棚に収まっているよりもはるかに見映えがした。だから、製作者の愛情深い庇《ひ》護《ご》の下に、これほど適切な環境に置かれているこれらの品物をよそへ持ち出すのは、神聖冒《ぼう》瀆《とく》に近い行為のように思えるのであった。

私が順々に花瓶や壺を見ていると、ちょうどその日は暑い日だったので、並河氏は部屋に風を入れようと障子を一枚開けた。何気なく外を見て、そこの景色の美しさに、私は驚きのあまり言葉もなく、ただ景色を見つめるばかりであった。

障子の外は狭い廊下で、その向こう側に硝子《ガラス》戸が立ててあり、硝子戸越しに見えたのは、日本庭園のすべてを凝縮したような、落ち着いて洗練された庭であった。庭には簡素な橋を架けた池があり、小さな島には、日本でしか見ることのできない地を這《は》うような形の背の低いごつごつした松が、向こう岸の同じような松の木に向かって、水面のわずか上にその節くれ立って曲がりくねった枝を伸ばしていた。

家は池の上に突き出して建っていたが、この家の主人が縁側に出てくると、池の表面がまるで突風が吹いたように波立った。それは池の方々から黒や斑《まだら》や金色の大きな鯉《こい》が、跳ねたりぶつかり合ったりして水を泡立てながら、文字どおり主人の足の下に急いで集まってきた

鯉に餌をやる並河氏

からであった。彼が一握りの麸《ふ》を投げ与えると、鯉は鼻先を水に突き出して、狂ったように騒いで賑やかに物音を立てながら、おいしい餌《えき》をむさぼり食うのであった。彼は何枚かの麸を私に渡して、自分で餌をやってみるように勧めた。縁側の上に腹這いになって、水面に手の届くほど身を乗り出してみると、大きな鯉はよく慣れていて、私の手から何の躊《ため》躇《らい》もなく餌を食うのだった。その中の何匹かの背中を手で撫《な》でてやったが、平気で逃げようともしなかった。

正面の小さな島の背の低い松の木蔭に、一匹の亀がじっと我々を見つめていた。私が餌を投げてやっても、それは動かなかった。もう一度投げてみたが、全く動く気配がなかった。

「どうして餌を食べないのですか？」と私が

聞くと、並河氏は笑って「食べられないのですよ。あの亀はブロンズですから」と答えた。

庭の構図は完璧であった。欠けているものは何一つなかった。細かい隅々までそれを設計した造園芸術家の手の入っていることが明らかであった。どの茂みも、どの橋も、どの石灯《いしどう》籠《ろう》も、一つ一つの庭石でさえも、庭全体の構成に役立つように配置されていた。もし何かつけ加えたり、取り除いたりすれば、たちまちそれに気がつくにちがいない。それほどあらゆるものが完璧であった。

この庭は確かに造園師が最高の技術を駆使して造り上げたものにちがいない。全体の面積は、奥行き三十ヤード足らずで、幅はその半分程度であったが、奥深い広大な地域を暗示するように、水と樹木が巧みに配置され、樹木そのものも、庭の大きさが一見して実際よりずっと大きく見えるように、うまく配列され整えられていた。

並河氏は自分の工房を見るように誘ってくれた。庭に案内されて池の縁を回り、もう一つの建物へ導かれると、そこは二方が開けた部屋で、必要な場合は太陽の強い光を遮るように、白いカーテンが下げてあった。それが工房であった。

日本では大きな工房がめったにないので、ここでも大きな部屋があるとは期待していなかった。最高の傑作の数々は、小さな粗末な部屋で作り出されたのであり、そこでたった一人の職人が毎週毎週、今月も翌月も、そして多くの場合はくる年もくる年も、たった一つの作品に精魂を傾けて、ついに最後に心をこめた作品が完成する。それがすなわち名匠の手になる芸術作品なのだ。

こういうことを前に聞いていたので、並河氏の工房の全員が一つの部屋で仕事をしているのを見ても、驚かなかった。

その数週間前に、横浜で七宝職人の仕事場を見たことがあるが、そこでは職人たちが、汚れた床の上で美しい品物に模様を描いたり色付けをしたりしていた。京都に来るまでは、それらの品物を最高に美しいと実際に思っていたのであった。そこの他の部屋では、褌一つの裸の男たちが大きな壺を擦ったり磨いたりしていたが、中には彼らの体と同じくらいの大きさのものもあった。そして、鈍い赤色に輝く窯のそばには、老いて年季を入れた職人が、半裸の体から汗を流しながら窯を見守っていた。

京都でも私が訪れた高谷の工場では、ヨーロッパやアメリカからの膨大な需要に応ずるため安い品物が作られていたが、その作業をしているのは若い少女か子供たちで、匙《さじ》で塗料のエナメルを塗りつけて、一日にたくさんの品物を仕上げていた。

しかし、ここではそういう光景は見られなかった。私が見たのは、長さが二十フィートくらいの塵《ちり》一つない部屋で、床には畳が敷いてあり、その上に置いたいくつかの小さな机の上で、十人の職人が仕事をしていたが、自分の仕事に熱中していたので、我々が入っていっても、ほんの一瞬目を上げただけだった。その近くにいた二人の職人は一生懸命に擦ったり磨いたりしていた。

これが並河氏の工房に働く人々の全員であった。この部屋で七宝の製作過程を、焼き付けを除いて全部見ることができた。

職人はそれぞれ小さい優美な花瓶や綺麗な壺に向かって仕事をしていたが、優雅な形をしたそれらの品物の上に、ゆっくり着実に美しい模様が描かれ、色付けされていくのであった。ある机の上では、青銅の花瓶に装飾的な模様を描いているところであったが、それは手本を写しているのではなく、職人が自分の頭の中にある模様を小さな筆と墨で、直接花瓶に描いているのだった。他の机の上では、職人がほんのわずかな幅に平らに延ばした金の針金を小さく切っていた。その小さな金線を、模様の細かい部分の形に合わせて注意深く曲げて、模様の線の上に液状の接着剤をほんの少しつけて接着するのである。もう一つの机では、金線の模様がちょうど出来上がったところだった。下地になる銀の花瓶の表面に、浮き出した金の線が美しく細工されていた。並河氏の作品は、模様の美しさとともに、単色の下地に光沢があり清澄であることで名声を得ていた。だから、この金の飾りは表面のごく一部を覆っているだけであった。その意匠は、桜の小枝が一、二本とその間に小鳥が舞っている構図であった。模様はそれだけで、後はエナメルを入れるばかりになったこの状態でも、十分美しく見えた。というのは、小鳥の小さな翼や胸の羽一枚一枚が細かく細工され、桜の花弁や萼《がく》や花芯《かしん》の一つ一つが色のエナメルを塗るために金の網目細工で丁寧に区切られていたからである。七宝《クロアゾネ》の名はこの間仕切り《クロアゾン》に由来する。

他の机ではエナメルが施されているところだった。小さな間仕切りにさまざまな色の鉱物の粉で作った釉薬を充塡《じゅうてん》するのだが、その釉薬は融剤を混ぜて炉で熱すると溶けてガラス状のエナメルとなり、好みの色を出すことができる。

最高級の七宝になると、最初は間仕切りに少し釉薬を入れて炉で熱する。それからもう一度釉薬をかけて、また炉に入れる。最後の仕上げをする前に、七回これを繰り返すのだが、この最後の作業が一番重要なのである。仕上げの釉薬のかけ方で、それまでの作業の結果が左右されるだけでなく、表面の見かけに大いに影響を与える。表面が疵一つなく光沢があるか、小さな穴があいているかは、この最後の仕上げ次第で決まってくる。

最後の充塡と焼き付けを終わった段階では、花瓶の表面はまだ見た目が粗っぽい。それは最後の焼き付けのときに溶解したエナメルが周りの線より高く盛り上がっているためである。この段階では、その下にどんなに優美で華麗なものが隠されているかは、ほとんど見当がつかないほどである。それは宝石の加工職人が磨きをかける前の原石のようなものである。

花瓶の表面を同じ厚さにするために、軽石と水で何日間も、時によっては何週間も磨かねばならない。これは全部手作業で、大変な技術と注意力を必要とする。というのは、ある個所が他の個所より薄く研磨されると、磨かれた表面に反射される光が均一でなくなるので、今までの作業が水の泡となるからである。旋盤は日本でもよく知られているが、この場合は旋盤を用いない。この工程で用いられる唯一の方法は、手で静かに擦るだけである。研磨の工程は非常に長い時間かかるので、一時間経ったぐらいでは、見た目には全く変わらないほどである。表面が日に日に綺麗になってゆくと、使われる軽石も柔らかい滑らかな品質のものになり、最後に使われるものは絹のように柔らかな軽石である。軽石の次には、表面の滑らかな石と角《つの》で磨かれ、最後の仕上げには弁柄《ベンガラ》を使うが、それによってレンズのような光沢が得られるからである。

並河氏は製作品の毎日の進行過程を注意深く見ているが、最後にそれを細かく調べて、何の欠点もなく自分の名前を入れるにふさわしいと判断したものを、銀細工師に回して、底の周りの縁と口のへりを加工させ、底に銘板をつけさせる。それが戻ってくると絹の布と黄色い薄手の綿布に包み、家の戸棚にしまっておく。しかし、目の利く旅行者がすぐにそれを買っていくので、長い間そこに留まっていることは少ない。

現在、世界各地で珍重されている数々の比類なき七宝の名品を生み出したこの部屋の、どこを見回しても一点の染みも汚れも見当たらないほど、作業は清潔を保たれていた。部屋の片側には七宝の土台として使う青銅や銀の花瓶をしまう棚があり、それと一緒に各種の色の鉱物の粉末を入れた瓶が何百となく並んでいた。それらはエナメルの原料であった。これらの粉末は溶解した状態になると全く色が変わってしまうので、長年根気強く研究して、初めて詳しい知識が得られるのである。職人は自分の望む色を的確に知っているだけでなく、ほとんど正反対の色の粉末を使って、結局望みどおりの色を出す方法を心得ていなければならない。だから、最高の技術と知識を有していないと色の混同を避けるのが難しい。戸棚の上に掛けた外国風の掛け時計が時を刻んでいたが、これらの芸術作品が世に出るまでには長い時日がかかるので、何日も、あるいは何年も時計は時を刻み続けるであろう。

仕事場を見学してから、焼き付けの部屋に案内されたが、ここも同じように極端なほど清潔で整然としていた。小さい炉が二つあり、部屋の真ん中の煉瓦《れんが》敷《じ》きの床の上に、どんな寸法の炉でも耐火煉瓦で自由に作られるようになっていた。内側の耐火箱の周りに並べられた煉瓦は、炭火を入れる余地を数インチ残して積んであった。

並河氏自身が焼き付けの作業を担当していた。恐らくこれが全工程の中でも一番重要な仕事であり、それ以前のすべての作業が成功するか失敗するかの鍵を握る作業であった。熱の温度を間違えればそれで全部駄目になってしまう。溶融の過程がエナメルの正しい定着と色彩を左右するのみならず、最高の七宝の生命とでもいうべき、光沢が豊かで表面に空気穴がない仕上がりのためには、この過程が非常に重大な影響を持っているのだ。

並河氏の話では、ある種の色は他の色に比べて、溶かしてうまく色を出すのが非常に難しいのだそうで、また小さな間仕切りよりも大きな単色の表面のほうがずっと技術を要するとのことであった。彼はある優美な作品を見せてくれたが、それは黄色い下地の上に秋の紅《くれない》に染まった楓《かえで》の木がデザインされていた。色の変化する度合いや細かく描かれた葉の葉脈には微妙な美しさがあり、最後の焼き付けと研磨に備えて、何日間も手をかけてきたものであった。確かにそれは戸棚に飾るにふさわしい作品となるのではないかと思われた。しかし、軽石で表面を磨いて、細部が日に日に明らかになってくると、見苦しい傷跡が見え始め、それは炉の試練に耐えるのは難しいと分かってきた。果たして炉から出してみると、美しくなるどころか、救いようのないほど損なわれていた。七宝の最高の作品が極めて高価なのは、このためである。最後に出来上がった完全な作品を購入する者は、それを作るまでの過程で、廃棄された他の作品の分まで合わせて支払わなければならないのだ。

風采《ふうさい》も物腰も穏やかなこの芸術家並河氏が、七宝の製作を始めたのは、約三十年前のことで、自分の熱中した七宝の製作技術において第一人者になりたいという野心を常に抱いていたのである。彼の初期の作品を見ると、彼がこの三十年間にどれだけ大きな進歩を成し遂げたかが初めて分かる。

彼の工房で働く職人は、誰でも主人の考え方をよく飲み込んでいた。並河氏自身はデザインと焼き付け以外はほとんど直接手を下さなかったが、作品の出来上がる全工程で、それぞれの品物の出来具合を厳しく監督し、もし何か気に入らない点があれば、違反者の不注意を鋭く責めるのだった。私がその後に彼の工房を訪れたとき、彼はある職人の手になる花瓶の表面に、ほんの微細な点であったが、気に入らないところを見つけた。彼の表情はとたんに厳しくなった。その男の不注意を厳しく非難したときの彼の様子には、自分の意志を明確にして、それに皆を従わせようとする気持ちがはっきりと表れていた。

工房の職人たちは決められた時間で仕事をするのでなく、心が鼓舞されて仕事したい気持ちになったときだけ働くことになっていた。しかし、実際には、それはほとんど一日中毎日のことであったから、私が十数回この仕事場を訪れた間に、机が空いているのを見たことはごく稀《まれ》であった。

並河氏は現代における日本の最高の七宝師と言えるだろう。日本の技術は中国よりはるかに勝れているから、彼の名前の入った作品を持っている者は、それが現在手に入る最高の品を証拠づけるものとして、安心して喜んでよい。

並河氏と同名の七宝師で、彼と同様有名な人物が東京にいるが、彼と関係はない。東京の濤川《なみかわ》（惣助《そうすけ》）氏は皇室御用達《ごようたし》の装飾品を製作しているが、その中でも旭日大綬章《きょくじつだいじゅしょう》は世界でも最も完璧なエナメル細工であり、ピカデリーの有名な宝石店の専門家の話によれば、英国でそれと同じものを作ることは不可能だとのことである。

しかし、東京の濤川氏は、自分の作品から輪郭線を外してしまったので、エナメルが溶解されるときにわずかに重なり合って、微妙な印象派風の効果を出している。これによって得られた結果は確かに美しいが、これを本当の七宝と考えてよいかどうか疑問がある。というのは、輪郭線を使うのはある特定の効果を得ようという目的のための手段なのだからである。こういうやり方だと外見は陶芸品に近くなり、全く別の芸術と考えるべきで、発明者がそう主張するのは確かにもっともなことである。

私がその日に会った温雅な紳士の許を辞して、ただ簡単に「七宝師　Y・並河」と記して門に掲げた謙虚な標札の前を再び通り過ぎたときに思ったのは、これこそ真の天才の気どりのない謙遜《けんそん》を、典型的に表したものだということであった。そして、さらに思ったのは、彼とその弟子たちの作品の中にあれほど忠実に自然の優雅さが反映しているのは、彼らの自然を愛する温かい心に基づくものにちがいないということであった。

第四章　保津川の急流

ある四月の美しい朝に、私は友人と二人で保津川《ほづがわ》へ出かけた。この季節は自然の女神が一番美しい着物を身にまとい、さらに桜の花を飾りつけるので、国中に甘美な楽しさと晴れやかさが溢《あふ》れる季節である。今までにも急流を何回か下ったことがあるが、この川の美しさと滝を流れ下るときの興奮は、何度行っても決して飽きることのないほどすばらしいものだった。一面に木の茂った山と山に挟まれた岩の多い谷間を、音を立てて流れる狭い流れと穏やかな流れが入り交じるこの川では、常に何かしら新鮮な美しさと新しい秘密を見出すことができるのだった。

出発地点の保津から急流の終わる地点にある嵐山《あらしやま》まで約十三マイルあるが、適当な水量があれば普通一時間半で下れる。もし水量が一定の線を超えると、船頭は決して舟を出そうとしない。その反対に、水量が少なすぎると、舟旅の感興も殺《そ》がれてしまう。川の水が危険を示す点よりわずか下にある日を選べば、どんな冒険好きな人でも、興奮が足りないと不平を言うことはないだろう。

これから述べようとしている舟旅をしたときは、水嵩《みずかさ》がほぼ適量で、多すぎも少なすぎも

保津川の舟下り

しなかった。保津に着くと、舟の用意ができていて、私のお気に入りの船頭の直次郎が待っていた。彼は日本でも最も腕の良い船頭の一人で、強靱《きょうじん》な体格の持ち主であった。彼の動作は豹《ひょう》のようにしなやかで敏捷《びんしょう》であり、その日焼けした正直そうな顔には、いつもにこにこした笑いが絶えなかった。

舟は長さは約三十フィート、幅六フィート、深さ一ヤードの平底舟で、両舷《りょうげん》の間を三本の腰掛け梁《ばり》が支えていた。日本の川舟は非常に弾力性に富み、一見脆《もろ》く見えるが、実際は極めて丈夫にできている。空《から》のときは吃水《きっすい》は二インチしかなく、六人乗っても吃水は四インチ程度である。波の荒い場所へ来ると、平らな底が波の勢いでかなり撓《たわ》むので、底板が開いて舟が水浸しになるのではないかと思うほどだ。船頭は、これだけのひずみに耐える唯一の方法は、柔軟な板を使って舟を作ることだという。もし堅くかっちりした舟を作ってしまうと、川波に絶えず揉《も》まれて、すぐにばらばらになる恐れがあるのだ。

直次郎の他に、四人の船頭が乗り組んだが、その中の二人は右舷で短い櫂《かい》を漕《こ》ぎ、もう一人が左舷で同じく櫂を操り、残る一人は船尾で長い櫓《ろ》を操って舵《かじ》をとっていた。

最初の一マイルの間は、川幅が広く、流れも穏やかであった。照りつける太陽の下で、川の中ほどを進んでいくと、その季節としては我慢できないほど暑く感じられ、透き通った水は抵抗しがたいほど誘惑的であった。強い欲望が同時に我々を襲った。水に目をやり、そしてお互いに顔を見合わせた。言葉を交わす必要はなかった。思ったとおりを実行に移すだけだ。船頭に舟をゆっくり進めるよう命じて、皆急いで服を脱ぎ、川底の石まで見える透明な青い水に飛び込んだ。半マイルほど舟の傍らを泳いで下ったが、川の表面に渦巻きが現れ始めて、両岸が次第に険しく迫ってくると、川幅が狭くなって最初の急流が近づいてきた。この最初の急流は大したことはなかったので、我々は勇んで泳ぎ下るつもりであったが、船頭は急流を越えると舟の勢いを止められなくなるので、次の急流も泳いで下らなければならなくなるが、そこは荒いので泳ぐのは危険すぎると言った。そこで不本意ながら再び舟に戻ることになったが、それは決して容易なことではなかった。速い川の流れに体が流されるので、手助けなしに舟に上がることはほとんど不可能だった。

ここで船頭の中の一人が、もし舟が危険に脅かされたら、それをかわそうと長い竿《さお》を持って船首に立った。舟が急流を下り始めると漕ぎ手は手を休め、舵をとる舵手《だしゅ》の長い櫓が時折水に触れるだけであった。

我々がその穏やかな水面に舟を乗り出した優しく明るい川の流れは、今やむら気の様相を呈してきた。それは喜びの声を上げて躍り騒ぐかと思えば、しばらくして自分の大胆さに驚いたかのように、怯《ひる》んで元の姿に戻ってしまう。そして、覆い被さる岩の近くでは、自然の女神の姿見のように滑らかになって、その穏やかな水面に、白い雲や突き出た岩や森の木の葉を映し出す。しかし、それは束の間の気まぐれにすぎない。たちまちの間に気分が様変わりして、水面がざわめいて落ち着きがなくなったかと思うと、激情に駆られたかのように、怒りの声を上げながら、苛立《いらだ》つ流れが岩を目がけてぶつかっていく。それからまた川面は再び静かになって、さも満足そうな様子で喉を鳴らしながら流れていく。太陽は静かな谷間をじりじりと照らしつけ、あたりの景色は古い中国の絵を思わせるような不思議な美しさを湛《たた》えていた。

しかし、遠くに聞こえる水のざわめく音は、川の気分がまた変わる徴候を示していた。ざわめきは唸《うな》り声《ごえ》に変わり、さらに怒りの咆哮《ほうこう》となって、激流が舟を両手に抱いて、目に見えない力で引きずっていくようだった。舟が近づきつつあったのは、不《ふ》動《どう》の滝《たき》といわれる景色の良い難所の一つで、幅約八ヤード長さ百ヤードの狭くて長い勾配《こうばい》に、川の水が全部一緒になって恐ろしい勢いで流れ込んでいる場所だった。

直次郎はそこで船首に位置を占め、彼の指図で船頭たちは櫂を構え、舵手は長い櫓を水に入れて、急流の縁を越えて渦巻く水の渦の方向へ舟を向けた。

あっという間に舟は稲妻のような速さで突進し、険しい斜面を水にぶつかりながら流れ下った。薄い柔軟な舟底は、波にぶつかるたびに船首から船尾までうねるように上がり下がりした。斜面の先は平らな流れになっているので、落ちてくる水がそこにぶつかって、大きな波しぶきを上げて空中高く舞い上がっていた。舟は下ってきた勢いで生き物のように身を震わせながら、その波の上を跳び越えたが、舳《へ》先《さき》を水しぶきの中に深く突っ込んだとき、我々はすっかりずぶぬれになってしまった。しかし、しなやかな舟は身震い一つで水を振り切っ

急流に竿をさし舟を操る船頭

て、松や楓《かえで》の木が山の上の方まで茂っているすばらしい景色の中を、ゆっくり滑るように進んでいった。

それほど急でない早瀬をいくつか過ぎると、小屋の滝に達したが、そこの馬《ば》蹄形《ていけい》をした曲がり角の真ん中に巨大な丸石があって、水に隠れた岩棚の上を正味五フィートの落差で滝が流れ落ちていた。

今や狂い立った川は逆上して咆哮し、渦を巻いて流れていった。そして雷のようなその水音以外は何の物音も聞こえなかった。このまま進めば避けられない運命が待ち受けていると思うほどであったが、船首に立った直次郎は一度も後ろを振り返らなかった。彼は船頭たちの腕をよく知っていたのだ。皆自分の持ち場で竿を持って身構えており、それぞれの狙《ねら》い場所をよく心得ていた。次の瞬間、丸石目がけて舟がぶつかり、ばらばらになるのは避けられないかと思ったが、あわや衝突する寸前に、直次郎の竿がさっと突き出されて、滑りやすい丸石の横腹の小さな穴をとらえた。それと同時に、他の三人の竿も同じように素早く目標めがけて突き出された。強い力に引き込まれながらも、四人の船頭があらゆる力を振り絞って、必死で岩と戦っている間に、舟の速度が一瞬阻止されて荒れ狂う流れをせき止めたので、右側の舷《ふなべり》すれすれまで青い水が盛り上がってくるのが見えた。しかし、それはほんの一瞬の出来事であった。舵手が船尾の向きを変えたので、舟は丸石の傍らをかすめるように通り抜け、曲がり角を曲がって、耳を聾《ろう》せんばかりの滝の上を、大きな魚のように躍り越えた。

こういう腕利きの男たちが、これらの死の落とし穴を避けようと腕を振るうありさまは、ほんとうにすばらしい見ものであった。こんな場所で一瞬でも躊躇《ちゅうちょ》すれば、舟は流れに対して舷側を向けることになって転覆するか、あるいは物凄《ものすご》い勢いで岩にぶつかるだろう。そうなれば、どんな達者な泳ぎ手の腕前も、この荒れ狂う奔流の中では役に立たないだろう。

観察の鋭い者なら、川下りの全行程中の危険な個所にある岩に、竹竿の先がちょうど入るくらいの大きさの小さい穴が穿《うが》たれているのに気がつくだろう。これらの穴は手で穿ったものではない。信じがたいようなことだが、何百年もの間、材木を筏《いかだ》に組んで流したり、商品を運んで川を下ったりしたために、竿そのものの力で穴ができたのである。これらの穴は、難所を安全に通過するためには、一インチも疎《おろそ》かにせず、正確に距離をはかる必要があることを、暗黙のうちに示している。

急流が次から次へと続いた。美しい景観に囲まれた高瀬《たかせ》の滝《たき》を過ぎ、獅子ケ口《ししがぐち》を通ると、次は瀬戸内海の入り口にある有名な渦巻きの名をとった練戸《ねりと》である。練戸は中でも最大の見ものであった。この急流は距離は短いが、両側から迫る岩の壁の間に難しい曲がり角が二個所あり、そこを激流が轟音《ごうおん》とともに、恐ろしい速さで流れ落ちている。

舟は滝の落ち口に盛り上がった青い水の上で、一瞬の間ためらったかと思うと、左側の絶壁めがけて大変な速度で突っ込んでいったので、今度こそ絶対に助からないと思った。しかし、直次郎は巧みな手捌《てさば》きで竿を構え、岩のある一点にじっと目を注いでいた。まさに絶好の瞬間に竿が繰り出され、まっすぐに岩の小さな裂け目をとらえた。彼は全身の重みを竿にかけて、岩から舳先をかわした。舟は絶壁をすれすれに通って、再び渦巻く流れの真ん中にうまく戻ったので、彼の動作を注意して見ていなければ、惨事を未然に防いだ彼の熟練した技術に気がつかずに、見過ごしてしまったかもしれない。

彼ら船頭が見事に手際よく捌く手法は、決してはたで見るほどやさしいものではない。素人の目には、熟練した者の技は、どんなに難しい技でもやさしく見えるものなのだ。直次郎は、こういう場合には一瞬たりとも注意をそらさないことが肝腎《かんじん》だと言った。もし足を滑らせたり、目印を見落としたりすれば、必ず大事故につながるからだ。

舟が岸のすぐ近くを、綱で上流に曳《ひ》き上《あ》げられていくのを何度か見かけたが、それはちょうど北斎《ほくさい》が百年前に描いた絵と同じように、何人かの曳き手が綱を引っ張っていた。その他にも、突き出した岩の上で、釣り人がたった一人で日除《ひよ》けの蓑《みの》を着て、鍔《つば》の広い菅笠《すげがさ》を被って立っている姿を見かけたが、それは人間というよりも風景の一部にふさわしいような感じで、これもまた北斎の絵そっくりであった。もし日本の田舎でこういう古めかしい姿を実際に見ていない人は、ヨーロッパの人々が賞讃する昔の巨匠の絵が、どれほど写実的に描かれたものなのか理解することが難しいだろう。

舟旅の終わりに近づくにつれて、あたりの風景はより一層美しくなってきた。山腹の木の茂みの方々に満開の桜の花が点々と美しい彩りを添えていた。支流の清滝川《きよたきがわ》の近くまでくると、両側の崖《がけ》は垂直に切り立って、荘厳な感じを受けるほどであった。何度も船頭に舟を止めるように命じて、いま流れ下りつつあるこの美しい楽園の風光を心ゆくまでゆっくりと味わった。清滝川が深い峡谷の間を躍るように流れてきて、本流と一緒になるその辺りは、曲がりくねった松の老木が懸命に崖の岩にしがみつき、その下に小さな木の橋が架かっていて、風景全体がまさに広重《ひろしげ》の絵そのものであった。さらに岩の小島の間を滑るようにして下っていくと、川幅は広くなり穏やかになって、まるで今まで苦痛に悩んできた川の流れが、疲れ果てて休んでいるのかと思うほど静かになってきた。

舟は極楽浄土を流れる神話の川の上を漂っているかのようだった。そこでは嵐《あらし》が吹《ふ》き荒《すさ》ぶこともなく、美しく萌え出す春の若葉を、冬の木枯らしが枯らしてしまうこともない。そこは天に昇った善人たちの憩いの場であり、桃源郷《アルカディア》の一番美しい流れよりも、さらに優雅にさらに美しい響きで流れる川のほとりで、香《かぐわ》しい松の木の下を逍遥《しょうよう》したり、日なたぼっこをしたりして、久遠の生活を送る場所なのだ。

その場所こそ、いつの時代でも詩人や画家に愛されてきた嵐山であった。ここは自然の女神が一番機嫌のよいときに飾り立てた、この国でも最も美しい場所の一つである。高く聳《そび》え

桂川の峡谷

る山の斜面は、薄紅色の桜の花と緑の葉に彩られ、松や楓が競い合うように茂っている。エメラルド色をした川の中の、花の影を映した澄明な深みに、大きな鱒《ます》が泳いでいる。川のほとりに、数本の赤みがかった古い樅《もみ》の木が、下の水鏡の上に身を乗り出すように生えている。そして、桜の木に囲まれた中に、広い縁側のついた美しい茶屋があり、そこには美しい風景を愛好する人々が訪れてきて、自然の恵みによる贅沢《ぜいたく》なご馳走《ちそう》に目を楽しませながら、一日を過ごすのである。

若いときからずっと舟を操ってきた年寄りの船頭が、長い櫓を手にしてゆっくり進めていく舟の中で、川遊びを楽しむ遊覧客が、桜の花と緑が優美に調和した両側の山の景色を、驚きと喜びで夢中になって眺めていた。ほかの行楽客は川岸の並木道を散歩していた。そのうち川を隔てた茶屋から三味線の音が聞こえてきた。少なくとも何人かの自然愛好家の審美的な楽しみが、いつの間にか欠くべからざる芸者を交えた酒盛りへと変わったのだろう。

川の東岸にある嵯峨《さが》の村で、船頭たちに賃金を支払ったが、今まで日本で遊覧の旅をした中でも、このときほど喜んで金を払ったことはない。川に面して料亭が立ち並び、細い橋が川に架かっていた。通りには散歩用の杖《つえ》や、桜の木で作った置物や、川で集めた美しい石などを売る店が立ち並んでいた。自然の物を高く評価する日本人は、自然石の名産地でとれる形の良い石を、熱心に探し求めるが、その理由は、よく知られた島とか有名な岩とかに似ている石は、特に高い値段がつくからである。東京のある店の飾り窓で見かけた石は、見事な苔《こけ》で覆われていて、百円（十ポンド）の値段がついていた。その石は長さが一フィート足らずだった。しかし嵯峨では川から探し出した美しい石を、数シリングで買うことができる。私がそこで買った石は、日本の流儀に従って、浅い青銅の皿の底に敷いた川砂利がちょうど隠れるくらいに水を入れて、その上に載せてあるが、それは私の部屋にいまだに美観を添えている。

一九〇六年（明治三十九年）の春、私は都ホテルの浜口氏に誘われて、ジャパン・ガゼットの編集者アダム氏とその弟と一緒に、保津川を遡《さかのぼ》る舟旅に出かけた。浜口氏は京都のホテル支配人の中では最高で、大変に礼儀正しい人物である。川を遡る舟旅は川下りよりもさらにおもしろくて刺激が多い。それは一つには景色を楽しむ十分な余裕があるためであり、その上、舟があれほどやすやすと下った急流は、曳き手に曳かれてゆっくり苦労しながら上っていくと、下りとは全く違った様相を呈するからである。

舟を曳くのは私の気に入りの船頭たちで、直次郎が舳先に立ち、曳き手として一人加えて、総勢六人であった。直次郎が竹の竿で岩を避けながら舟を誘導するので舵手は必要なかった。曳き綱は七十フィートから百フィートまでの間で、それぞれ長さが異なっていたので、曳き手は他の者に邪魔されないで十分な余裕を保つことができた。

それは五月のことで、方々の山一面に躑躅《つつじ》が咲いていて、濃い緑の森と美しい対照をなしていた。峡谷が深まるにつれ、暑さが厳しくなり、草鞋《わらじ》ばきで下帯しか着けていない曳き手のつややかな体は、日の光に照らされると象牙《ぞうげ》の彫刻のように見えた。彼らは野生の山羊のようにしっかりした足どりで、岩から岩へ飛び移っていった。頑丈な腰に回した曳き綱用の帯に、全身の力をかけていたが、その引き締まった手足に筋肉の盛り上がりは見られなかった。

難所にさしかかると、直次郎の操る竿の先が、前に述べたように岩の小さな穴を、寸分の狂いもなくとらえるのであった。時として険しい岩壁が我々の前に立ちはだかると、船頭たちは綱を手繰《たぐ》り寄せて、舟に乗って向こう岸に渡るのだった。ある難所では、全員が竿を持ち、我々も手助けをしたが、皆が力を合わせても舳先を流れに向ける役に立たなかった。軽い舟は激流に翻弄《ほんろう》されて、川の真ん中にある大きな石に舷側を向けて、マッチ箱のように押し流されていった。

ここで船頭たちの驚くべき機敏な力が発揮されたのだが、それは全くスリルに満ちたものであった。カメラを運ぶ人足まで含めると、舟には十一人もの人間が乗り組んでいたのだが、川を遡るときとしてはこれは前例のない人数であった。そのため吃水がかなり深くなっていたので、このような事態になることは予想ができなかったのだ。奔流が舟を急に揺さぶったので、一瞬舳先の方向が流れから逸《そ》れて、危機が目の前に迫ってきた。直次郎がそれを見て、危ないぞと怒鳴ったので、またたく間に全員が危険の迫った側へ集まった。川の水が恐ろしい勢いでぶつかって、水しぶきを上げて渦巻いている石を目がけて、皆が竿を素早く突き出して、それに全身の重みをかけて押したので、竿は今にも折れんばかりに曲がった。危険は一瞬のうちに終わった。うまく衝突を避けることができて、大きな石のそばを安全に通り過ぎたとき、全幅の信頼を寄せているこの男たちが示した機敏で慎重な行動に、我々は賞讃の声を惜しまなかった。確かに彼らをどんなに賞めても賞め足りない気持ちだった。流れの速さは、時速十二ノットかそれ以上であったから、もし石にぶつかっていれば大事故は避けられなかっただろう。我々は船長の直次郎を残して、岩をよじ登り、上の静かな流れまで歩いた。舟は軽くなったので、後は苦もなくやすやすと曳き上げることができた。

次に現れたのは小屋《こや》の滝《たき》で、五フィートの滝が行く手を塞いでいた。これほどの滝を登るのはとても不可能だと我々は言ったが、直次郎は笑うだけで、手下の船頭たちに声をかけて、もっと間をつめて綱を引くように命じた。彼は右舷に向かって足を踏みしめ、竿を岩に突き立てて、しなやかな体を曲げて全力を振り絞り、曳き手に指示を与えるのだった。曳き手は、何か目に見えない力が働いているかのように激しく流れ落ちる滝の上に、舟の舳先を曳き上げようと懸命に力を合わせて引っ張っていた。舟はゆっくりと高みへ登っていたが、その間に水をかぶったのはほんのわずかであった。

練戸では曳き手は四つん這《ば》いになって手と足で岩につかまって舟を引っ張ったが、激流が左右の舷側まですれすれに上ってきた。渦巻く急流を遡って、こんなに大きくて重い舟を五人の男の力で引き上げるのは驚異的な業《わざ》としか思えなかった。しかし、彼らは少しずつじりじりと進んで、とうとう最後に滝の上の緩やかな青い流れまで舟を運び上げた。そこから轟々《ごうごう》たる激流を見下ろすと、彼らの成し遂げた仕事がなお一層奇跡のように思えるのだった。

私の気に入りの船頭たちが他の客についていて傭《やと》えなかったので、少し技術の劣る連中と小さ目の舟に乗って、川を遡ったことがある。そのとき小屋の滝で事故に遭った。舟を曳く合図をしたときに舳先の船頭が竿で岩の印を確保しそこねたので、舳先が滝の下に潜ってしまい、舟がほとんど水浸しになった。我々が叫んだので曳き手は綱を放したが、舟は腰掛け梁まで水に浸り、激しい勢いで岩に向かって押し戻されて、片側の上部の板が、十フィートの長さにわたって突き破られて穴があいた。幸いにもこの急流は短かったので、それ以上の損害を受けずに、下手の岸に辿《たど》り着《つ》くことができた。

行楽客を舟に乗せて川を下る船頭たちは、皆その技術に熟練した者ばかりで、見物客が死ぬような事故を一度も起こしたことがないのを誇りにしている。彼らは舟を未熟な者に任せて、この仕事によって外国人や日本人の観光客から得る収入を危険に曝《さら》すようなことは敢えてしない。私がこの冒険を行った日に傭った船頭たちは、技術が未熟な連中で、最初からそのことについて話を聞いていた。しかし、予告もなしに行ったので、彼らしか傭うことができなかったのだ。それに当時としては急流を遡ることは滅多にないことであった。一九〇六年当時、それを試みた外国人はアダム兄弟、京都のロビー博士とバー博士、および私の五人だけだった。川を遡るのは約五時間かかるが、保津で一時間休憩して再び川を下れば、大変愉快な一日を過ごすことができる。

船頭たちだけでも十分に研究の対象とする価値がある。険しい火山の多いこの国ではどの川もほとんど急流であり、川で生計を立てている人や、沿岸の漁師たちから水兵が募集されている。身軽さにおいても、機転のきくことにおいても、舟を操る技術においても、私は世界中でこれ以上優秀な人たちを見たことがない。極東の島国である日本は、海軍の要員としてこれほど優秀な人材を徴募できるかぎり、何ら恐れる必要はないだろう。

第五章　阿蘇山と浅間山

日本列島は地震活動が世界中で最も活発な地域であろう。到るところに火山があり、硫気や温泉が吹き出しているのだから、地震が多いのも無理はない。東京に住んでいて、少なくとも一週に一度は地震を経験しないことは滅多になかった。一晩に何度も地震を感じたことがあり、揺れが幾晩も続いたこともある。揺れが始まると地面の下で燃えている火のことが頭に浮かび、さらに火山にまで考えが及ぶのである。

日本の活火山で代表的な二つの山は、阿蘇山と浅間山である。九州の中心部にある阿蘇山は日本で一番大きい活火山であるばかりでなく、火口の外輪は世界最大の偉容を誇っている。しかし、阿蘇は大抵の人々にとって、主要国道から離れすぎているので、訪れる人は極く少ない。阿蘇へ登るには、東京からだと往復で八日もかかるが、長崎の港からはその半分の日数で十分である。一方、浅間山は東京から三日もあれば十分登れるので、行きやすいという条件に加えて、日本で一番活発な活動をしている火山であるということから、毎年大勢の人々がその頂上へ登る。

この二つの火山は形も性格も全く異なっていて、どちらの山も、ほとんど完璧《かんぺき》な輪郭を持った富士の山容とは似ていない。比類なき富士は整った美しさを持つ若者の姿をしているが、浅間は年を経て丸味を帯び、阿蘇の巨大な火口は何百年もの間に積もった灰でほとんど埋まっている。かつては世界最大であったこの火山の、ほんの一部だけが生き残っているが、それでも日本の他の火山の火口のどれよりも大きい。阿蘇はおとなしい穏やかな火山で、火口から絶えず立ち昇っている煙や蒸気は、ほとんど一定している。しかし、浅間は気難しく怒りっぽい山で、激しく爆発するかと思えばすぐに終わってしまう。浅間は時として、何日間も不安定な状態になり、数時間おきに爆発を繰り返すが、自然に静まって何週間も穏やかな状態が続く。それから再び爆発が始まるのだ。

ある八月の朝早く、我々は古い歴史的な都市熊本へ到着した。ホテルへ荷物を置いて、すぐに水前寺《すいぜんじ》公園を見に出かけた。そこは日本でも有数の美しい庭園である。その日は耐えがたいほどの暑さで、日蔭でも華氏九十度ほどあったが、公園そのものは最高に美しかった。入り口を入ると茶屋の可愛らしい「姐《ねえ》さん」たちが、お茶を飲むように勧めたが、その代わりにかき氷とフルーツ・シロップを注文した。木蔭の芝生の上に坐って、それを飲みながら周りの風景を楽しんだが、それは夢を見ているのではないかと目をこすりたくなるほど美しい夏の景色だった。

そこには大きな浅い池があり、池の水は仏像の額にはめ込まれた叡智《えいち》を表す水晶のように澄みきっていた。池のところどころには小さい島があり、それぞれに小ぶりの松や古びた石《いし》

石灯籠と女性

灯籠《どうろう》やあずまやなどが配置されていた。石橋や丸木を組んだ橋が池に架かり、庭のあちこちに、社《やしろ》や鳥居や曲がりくねった松の木や芭蕉《ばしょう》の木などがあった。池の対岸に富士山を模した人工の小山が聳《そび》え、その上の方に、偉大な阿蘇山の絶え間ない煙の輪が天に立ち昇っていた。池の上を飛ぶたくさんのとんぼの茶色や青の羽に、焼けつくような日射しがきらめき、十インチの深さもない池の中の小石や水草の上を、大きな鯉《こい》が群れをなして滑るように泳いでいた。うだるような八月の空気の中で、ひっきりなしに鳴く蟬《せみ》の声が辺り一面に聞こえ、丸裸の小さな男の子や女の子が、楽しそうな笑い声を上げながら、池の中で水をはねかしたり草の上でふざけたりして遊んでいた。全体の光景が無邪気な幸せと美しさに満ちて、まさに牧歌のような情景であった。この庭の一隅に水が深くなっている場所があるが、そこで二十人ばかりの少年や青年が、子供たちと同じように丸裸で、水浴びしたり岸の辺りで戯れたりしていた。ところが、一方では、いろいろな年齢の婦人たちが、裸の男たちを気にもとめずに、当惑したそぶり一つ見せないで、その真ん中を散歩しているのだった。西洋の風習の中で育ち、慎みについて厳格すぎる考え方に慣れてき

池の鯉（熊本にて）

た我々の目には、このような古代ギリシャ的な純真さは、極めて爽《さわ》やかなものに感じられた。

翌朝、阿蘇の大火山の登山口である戸下《とした》の村に向けて、馬車に乗って二十マイルの旅に出発した。道路は大変立派で、排水がよく路面がしっかりしており、大部分は背の高い杉並木の道であった。ところどころにすばらしい景色があった。戸下に近づくと、道は深い峡谷沿いに曲がりくねり、険しい崖《がけ》には驚くべき技術で段々の田が作ってあった。段から段へ伝って落ちる小さな流れのかすかな音が聞こえ、その流れは最後に崖を越えて、百ヤード下の泡立つ急流へ流れ落ちるのだった。この急流は白川《しらかわ》と呼ばれ、その南側は七百フィートの高さの絶壁になっていて、崖の上から密生した森林が山の頂上まで続いていた。一マイル進む間に少なくとも一ダースの流れが、軽やかな音を立てながら険しい斜面を流れ落ちていた。向こう岸に聳える高い崖から、美しい滝が白煙を上げて岩だらけの峡谷に落下しており、滝の周りには虹色の霧が漂っていた。

戸下の宿は、川のほとりにある簡素な体裁ぶらない宿で、旅人は川音を子守歌代わりにして眠りにつくのである。

翌朝、我々は共同の温泉浴場に入るために早起きしたが、そこにはすでに何人かの村人が風呂に入りにきていた。それは男女共用の風呂だったが、私が入ると大勢の好奇の眼差しが一斉に注がれた。私の体恰好《からだかっこう》についていろいろな意見が出たようだが、特によく喋《しゃべ》ったのは婦人たちだった。私の半可通の日本語の知識でも彼らの話しているのは主に私の体の色のことらしいと分かり、その口調が決して好ましくない調子ではなかったのでほっとした。

数人の人夫に撮影の道具や荷物を担《かつ》がせて八時に阿蘇の火口まで十マイルの徒歩の旅に出発した。天気はすばらしかったが、ひどい暑さだった。栃木村《とちのきむら》を通ったが、そこには温泉を引いた浴場がいくつもあり、老若男女が一緒にお湯に入っていた。二年後の三月に、私が再びこの場所を訪れたとき、しなびた林檎《りんご》のような皮膚をした、数人の皺《しわ》だらけの老人が、お湯の中に横になって寝ているのが目に入った。彼らは縁に頭をもたせかけ、腹の上に平たい石を載せて体が浮かないようにしていた。彼らはこうして温かい湯に一冬中浸《つか》っているので、着物を身に着けることは滅多にない。お湯はリューマチに特に効くといわれているが、効果と同時に害もあるようだ。というのは、その中の数人には桃色と黄色の斑点《はんてん》ができていたからである。

村を抜けて、広々とした起伏の多い荒野に出ると、行く手のまっすぐ先に大きな火山の姿がぼんやり現れた。ある作家が誤って書いているように「日本では鳥が鳴かない」と思い込んでいる人に、早春のこの野原をぜひ見てもらいたいものだ。私が三月に再びこの地を訪れたとき、天界からの音楽が空一杯に鳴り響いていた。それは空高く舞う無数の目に見えない雲雀《ひばり》の囀り声《さえずりごえ》であった。青い空に小さな点が現れると、笛を吹くような甘美なトレモロが羽ばたきとともにだんだん近くなり、時にはほとんど空中に止まっているような飛び方をしながら、最後には草の中に姿を消すのである。しかし、巣の上の相手に求愛する可愛らしい囀り声はなおも続く。それは決して忘れることのできない日であった。非のうちどころのない早春の丘の朝だった。輝かしい春の朝に九州の野山を歩く旅は、スイスをも凌《しの》ぐすばらしさで、辺りの空気には、古い日本の歴史とロマンスと神秘が満《み》ち溢《あふ》れ、そして無数の可愛い雲雀が楽しい囀り声を聞かせてくれるのだ。

しかし、八月は全くこれと違っていた。暑さがだんだんひどくなる中を、大きな火山灰の丘のぎざぎざな縁に沿って、柔らかな弾力のある芝を一歩一歩踏みしめながら歩いていくと、その丘が取り囲んでいる内部火口が、はるか上の方に我々を手招きするかのように聳えていた。この野原は古い火口の中にあるので、周囲の山はすべて旧火口の外輪の縁に当たり、縁から縁までの距離は十四マイルもある。

間もなく湯《ゆ》ノ谷《たに》の間欠泉《かんけつせん》が目の前に見えてきたが、そこから白い蒸気の雲が空中高く大きな渦を巻いて吹き上げられていた。それは泉の周辺の鬱蒼《うっそう》とした森や、黄色く日焼けした草原や、青い空と美しい対比をなしていた。二マイル離れた所から、間欠泉がしゅうしゅう吹き出す音が聞こえたが、その音は近づくにつれて一層大きくなって、ごろごろいう音に変わり、それから鼓膜が痛くなるほどの深いどーんという音になった。最後にそれは耳を聾《ろう》せんばかりの怒号となって大地を揺るがし、割れ目の傍《そば》まで行くと、そこから物凄《ものすご》い圧力で蒸気が轟音《ごうおん》とともに吹き出していた。それはもし利用できれば、九州にある工場全部を動かすに

火口の縁から阿蘇山を見る

十分な威力があった。蒸気の吹き出す力から判断すると、それは岩をも一瞬のうちにばらばらに引き裂くほどの力に見えたので、もしこの噴出が安全弁の役割を果たしていなければ、どんなに大変な事態が起きたであろう。

何マイルも続く黒い火山灰の丘を、これから横切って進まなければならないが、丘に反射する焼けつくような日の光は、日蔭でも華氏九十度あるので、着ている物は川に浸ったようにすぐに濡れてしまった。ほんとうにその時は、川に浸りたいと思ったほどだ。多くの畑や水田のそばを通ったが、この辺りの地味は良く肥え、水利の良いところなら穀物は豊かに実る。外輪山の内側の村々には二万人以上の人が住んでいるのだそうだ。

内部の火口の外縁をなす丘の頂上に着くと、休憩して昼食をとり、疲れを癒しながら、三マイル先で雲一つない空に煙や蒸気の雲を立ち昇らせている火口の雄大な景色を楽しんだ。食事と休息で元気づけられて、間もなく残りの道のりを歩き終え、火口丘の麓《ふもと》にある神社の傍《そば》を通って、火口の縁への道を辿《たど》った。そこに積もった灰は非常に溶けやすく、最近の嵐《あらし》で灰が滑りやすい泥と化していたので、極めて慎重に足場を固めながら登らなければならなかった。火口の縁に着くまでに、泥に足をとられて倒れたり滑ったりしたことが、一度ならずあった。ところどころで土手が縁のほうへ下っているので、そこは大変危険な場所だった。もしそこで転べば、火口の中へ真っ逆さまに落ちることは請け合いだった。

阿蘇の火口はほんとうに恐ろしいところだ。内側の壁の色は溶岩の山の色とは違い、灰の積もった黒々とした絶壁で、ところどころにある筋はいくらか固い組織のようだった。大きな穴から立ち昇っている水蒸気の雲が時々切れると、無数の亀裂の入った火口の底が見えたが、そこから湯ノ谷の間欠泉のように、水蒸気が激しく音を立てて吹き出していた。ほんのわずかの間でも風向きが変わると、すぐに煙に巻き込まれてしまうが、そうなると煙が喉に詰まって咳《せき》の発作を起こすので、その前にあわてて逃げ出さなければならない。それなのに、数匹の蝶《ちょう》が深い火口を横切って飛んできて、有毒なガスの中から全く平気な様子で姿を現すのが見えた。

この文章をお読みになる写真愛好家のために、この蒸気について注意すべき点を述べてお

クレーターの縁から火口を覗く

こう。私は阿蘇の火口で、火山の撮影について多くのことを学んだ。経験によって得られた教訓の例に洩《も》れず、このときの教訓は高価なものについた。最初に阿蘇を訪れたとき、通常《レギュラー》の感光板と一緒に何枚かの整色性《アイソクロマチック》の感光板を撮枠に入れて持っていった。整色性の感光板は、硫黄分を含んだ蒸気に銀が侵されたらしく、すっかり駄目になっていた。以前に火山でそういう感光板を使ったことがなかったので、間違いが起きるなどとは考えもしなかったのだ。山を下りてからも、その後の二日間に、沈堕《ちんだ》の滝やすばらしい玄武岩の地層やその他の景勝をこの感光板で撮り続けたのであった。数ヵ月経って、カリフォルニアで現像にとりかかると、現れてきたひどい画像をどう説明してよいのか、途方に暮れるばかりだった。乾板はしみだらけになっており、現像して乾いたのを見ると、その一部は反転していた。それは全く役に立たなかった。そのとき初めてこれらの感光板が阿蘇の硫黄性の蒸気に曝《さら》されたことを思い出して、事態を説明することができた。不思議なことだが、通常《レギュラー》の感光板は何の影響も受けなかったのである。

良い写真を撮影しようと費用のかかる旅をして、二度とめぐり逢えないようなすばらしい被写体を写したのに、その原板が偶然の事故で駄目になってしまったのを発見するということが何を意味するかお分かりの方は、自分の不注意が高いものについたと悟ったときの私の気持ちを理解していただけるだろう。それ故、硫黄分を含んだ蒸気に決して感光板を曝してはいけないという警告として、私の経験をここにお話ししたのである。

鉄輪《かんなわ》温泉

私がそこに登ったときは、火口壁の中の二つの火口が活動していて、他の二つは休止していた。しかし、火山に新しく異常な爆発が起こるたびに、こういう状況は絶えず変化しやすい。阿蘇山の最高峰は高岳で五千六百三十フィートある。その他の峰も同じくらいの高さがあるので、北側から見ると見事な波形の山容をなしていて、西側から見たときには思いもかけない景観である。坊中《ぼうちゅう》の町から見ると、鋸《のこぎり》の歯のように屹立《きつりつ》した阿蘇の五岳が、背後の空に煙を棚引かせて、その偉容を誇っている。

沈んでゆく太陽の光に照らされて、蒸気の雲が赤く燃える焰《ほのお》と化したが、我々はその後も山上に長く留まっていた。そのうち月が尖《とが》った峰々の上に昇り、ぼんやりした噴煙を通して不思議な美しさで輝き始めた頃、腰を上げて宮地《みやじ》へ下る道を歩き出した。

富士山を周遊する旅の途中で、ある日幸運にもロンドンの陸軍省のデニス・ハーレイ氏に出会ったが、彼は私と同じように浅間山に登りたいという希望をもっていた。そこで数週間一緒に旅をした後で、十月のある曇り空の日の午後に、東京から軽井沢《かるいざわ》に向けて六時間の汽車旅に出発した。

浅間山は八千二百八十フィートだが、登山の出発点である軽井沢の村は、海抜三千二百七十九フィートにあるので、汽車を降りてから残りの五千フィートを登るだけでよい。しかも登山とは名ばかりで、ありがたいことにこの火山はゆったりした穏やかな姿をしているので、頂上にいくには、安定した斜面を数時間登るだけで済むのだ。

東京を出発した汽車は中山道《なかせんどう》沿いに走るが、この古い道は封建時代にミカドの京都の都と将軍の江戸の都をつないでいた道である。しかし、妙義《みょうぎ》の町へ着くまでは、道中に特に見るべき景色はない。ここから線路は極めて神秘的な美しさを持った山岳地帯に入っていく。ここから先の数マイルの間左手に見える妙義山は、不思議な形をした険しい岩山の寄り集まりで、せり出した絶壁や、突き出した岩や、ゴシックの塔のように聳える岩峰などが、あまりにも空中に突き出ているので、下から見ると今にも崩れ落ちるのではないかと恐ろしくなるほどだ。山全体が華やかな秋の装いを凝らし、茶と緑を交えたあらゆる色合いの赤と橙色《だいだいいろ》に彩られていた。絶壁の端や険しい岩塔の先端に、曲がりくねった松の木が固くしがみついているのが見えた。

数マイル先の横川《よこかわ》で、線路の形式が変わるが、技術的なことが好きな人は、それに大いに興味をそそられるだろう。ここから勾配が十五分の一ときつくなるので、普通の機関車では牽引《けんいん》できなくなる。そこで線路の中間に鉄の歯軌条《ラックレール》を敷いて、機関車の下で歯車と嚙《か》み合《あ》わせるのだ。これはスイスのゴルナーグラートやその他の山岳鉄道で使用されているのと同じアプト式鉄道である。

工事を請け負った技術者は、この地点で大変な困難に直面した。高さを克服しなければならない上に、険しい山襞《やまひだ》を縫って進まなければならないので、七マイルの距離で、総延長三マイルにも及ぶ二十六箇のトンネルを掘らなければならなかったのだ。傾斜を登る速度は当然のろくなり、一時間八マイルしか進めない。喘《あえ》ぎながら登る機関車の吐き出す濛々《もうもう》たる煙は、乗客にとって大いに不快の種になるので、この不都合を解決するために、同じくスイス式の方法が採用された。すなわち機関車が汽車の後部につけられて汽車を押すのである。そして、汽車の前方のトンネルに、通風によって煙が吹き流れるのを防ぐため、機関車がトンネルに入るとすぐに、通風を遮断する役をするキャンバスのカーテンが入り口に引かれる。煙をこうしてトンネルの中に止めておいて、機関車がもう一方の口から出てくると、カーテンをあけて煙を外へ出すのである。

トンネルとトンネルの間が、ほんの数十フィートしかない場所がところどころあった。そのわずかな空間で垣間見た外の景色は、すばらしい美しさであった。綺麗《きれい》な彩りの秋の木々に交じって、奇怪な形をした火山性の岩がのぞいていた。日の光が弱まるにつれて、鋸の歯のように鋭い岩の尖塔《せんとう》が、赤々と燃える空を背景にして、不思議な美しいシルエットを見せて突き立っているのが見えた。

我々の登山の目標である浅間山が、頂上から微かな煙を出している姿が、ほんの短い間だが汽車から見えた。しかし、目的地に着いたときはもう夜で、我々は寒さに震え腹がひどく空《す》いていた。暗くなりかけた空に山の輪郭がはっきり見えていたが、そのときは暖かい宿と良い食事と熱い風呂を見つけるのにすっかり気をとられて、興味を持って山の姿を見るだけの余裕がなかった。

駅には一台も人力車がいなかった。一マイルほど歩いて宿屋へ着くと、この季節にはほとんど客が来ないせいか、宿屋の表戸はぴったり閉まっていて、全く人気《ひとけ》がなかった。何度も戸を叩《たた》いて呼んだ揚げ句、やっとのことで我々の声を聞きつけてもらえた。ようやく大きな音を立てて戸があき、主人とにこにこした二人の可愛い女中が、愛想よく歓迎の声を上げて、我々を請じ入れてくれた。女中たちは寒いので床に入っていたところを急いで飛び起きたらしい。つやつやした黒い髪の頭を何度も下げて、寒いのに外で我々を待たせたことを詫びた。

温かい歓迎を受けて、気持ちは元気づけられたが、それだけではうすら寒い宿の温度を上げる役には立たなかった。部屋に案内されたが、到着を前もって電報で知らせておくように、東京で注意を受けたにもかかわらず、それを無視したのは何とも愚かなことだったと、自分も仲間も呪《のろ》いたい気持ちだった。しかし、すぐに火鉢に赤々と火が入り、熱いお茶が出て、温かい風呂の仕度が始まった。壁にかけた温度計が上昇すると同時に、我々の意気も上がってきた。そして、熱い風呂に入って、急拵《きゅうごしら》えだが上等な料理を前にして坐ると、冷え冷えとした汽車に六時間も監禁され、断食を余儀なくされたあの苦労から、やっと生き返った気分になった。

軽井沢は標高が高く空気が涼しいので、東京の住人にとって、暑い夏の季節に人気のある避暑地になっているが、町そのものには特に興味を惹《ひ》くものはない。我々が見にきたのは山であり、今の季節に我々が望むのは、ここの自慢の涼しい空気よりも、恵み深い太陽が数時間でも照ってくれることであった。そして、この上ない幸運に恵まれ、到着の翌朝は快晴で、静かな美しい十月の朝だった。願ってもない幸いだったので、朝七時に案内者と三人の人夫を連れて出発した。人夫を傭《やと》ったのは、昼食と私の重い写真の道具や乾板を運ばせるためで、それは八十ポンドの重量があった。

一晩のうちに霜が真っ白に降りて、身の引き締まるような大気の中に、浅間が山肌の隅々までくっきり見えていた。そのなだらかな頂上から白い蒸気の雲が微かに棚引いていた。出発早々に人夫の一人が叫び声を上げて山を指差した。その方向を見るとすばらしい光景が見えた。火口から大きい白い蒸気の塊が吹き上げられて、巨大な風船のように空高く浮かんだ。続いてすぐに黒い色をした濃い煙が噴き出して波のようにうねる蒸気と交じり合い、大きく渦を巻いて膨れ上がると、お互いに重なり合って上へ上へと昇り、ついに一万フィートを越す巨大な雲の柱となって、山の上に立ち昇った。間もなく上空を吹く風に当たって煙の天辺が平らになり、雲の柱が傾いた。そして、最後に、大きな柱全体がゆっくり南の方へ漂い始め、黒い雨雲が近づいてくるかのように、空が薄暗くなった。この晴れ渡った十月の朝に見た、煙と蒸気の渦巻きが巨大な柱となって大空に吹き上げられた光景ほどの壮観を、未だかつて見たことがない。

これほどすばらしい幸運にめぐり合うとは予想もしないことだった。天気が申し分ない上に、火山の活動状況が特に活発だと分かったことは、全くの幸運であり、良い写真を撮ろうと意気込んでいた私の心を元気づけるに十分であった。そのとき宿の主人が急いで後を追いかけてきて、山に登るときは十分注意して、もし煙が自由に出ているのでなければ、火口に近寄ってはいけないと忠告した。この賢明な忠告の理由は、後で明らかにしよう。我々は火口を見る決心であったし、どんな危険があろうが、この日に火口をのぞくつもりでいた。

軽井沢を出てからしばらく歩いて、家がまばらに建っている沓掛《くつかけ》の村を通った。村の小屋の屋根には、この辺りを吹く強い風から守るため石を載せてあった。道は田圃《たんぼ》や古めかしい水車小屋のある流れの傍《そば》を通って延びていたが、そのうち辺りは木が美しく生えた傾斜のある野原になって、間もなく奇怪な形をした松が生えた、火山性の灰や石で覆われた起伏の多い丘に変わった。

大きな山はすぐ目の前に見えていたが、朝七時の爆発以来、火口からほとんど煙が立っていなかった。十時に小浅間の麓を通り過ぎたが、これは同じ名の大きい方の山の裾《すそ》にある小さな死火山で、その山の斜面は秋の紅《くれない》に染まっていた。それから間もなく、馬に乗ってきた登山者が馬を下りて、残りの道を歩かなければならないという場所へ来た。その理由は他の日本の火山と同様、浅間山は聖山なので、この地点より上は馬で登ることを許されないからなのだ。ここから頂上までは単に灰と軽石の積もった道を登るだけで、頂上に近づくにつれて道は急になり、砂に締まりがなくなる。噴火口からは絶えず灰が吹き出ているのでその大部分は山の上部に降り積もっている。こうして何百年も降り積もった灰で、遠くから見るとこの火山がなだらかな円い形に見えるのだ。

山の斜面の下の方には小さな種なし葡萄《ぶどう》の一種が群生していて、土地の人はそれでジャムを作る。十一時二十分、我々がこの斜面を一生懸命登っていたとき、また爆発が起こって、火口から煙と蒸気の大きな雲が吹き出し、空中に数千フィートの高さに立ち昇った。しかし、この距離では、ごうっという鈍い響きが聞こえただけだった。その頃は弱い風が吹き始めていたので、煙は急速に東の方へ流れ、それが頭上に漂ってきたとき、灰が雨のように辺りに降り注いだ。

この後すぐに、人夫に担がせていた弁当を食べることにした。というのは案内者が言うには、山がこういう状況では非常に危険で、時々石が雨のように降ってくる。だから、我々が予定していたように、頂上に長く留まって昼食をとるのは賢明ではないというのである。

午後一時に噴火口の外輪に当たる大きな尾根の頂上に着いた。この辺りの地面は、断続的に降り積もったたくさんの細かい灰でできているので、極めて柔らかであった。そこには無数の石が散らばっていて、案内者の警告の正しさを無言のうちに証明していた。何故なら、それらの石は大変な熱さで、先ほどの爆発で噴出したことを示していたからである。その先にちょっとした凹地《くぼち》があり、その向こう側の斜面が中央火口である。我々がこの地点まで達

浅間山の噴火口を覗くポンティング（右）とその同伴者

したとき、大釜《おおがま》の轟音が聞こえてきた。そして、数分後頂上に達して、火口の縁に立つと、まさに驚くべき景観が目の前に現れた。

それは直径六百フィート余りのほとんど完全な円形をした巨大な穴で、垂直な壁が底からほぼ五百フィートの高さに切り立っていた。その壁は焼け焦げて、火力のせいでありとあらゆる色に染まり、無数の割れ目から硫黄の蒸気が激しく吹き出ていたが、それは深い底の地獄の火から上ってくる薄い煙と一緒になって立ち昇っていた。薄い煙を通して、火口の底全体が見えた。そこは大きな硫気孔になっていて、無数の穴から溶けた鉱物が噴出し、真っ赤な溶岩の池から時々焔が舌をのぞかせていた。

ここから聞こえてくる響きはまさに地獄のようだった。火山の発するごろごろした鳴動と比べられる音は、この世に他にはないだろう。それは聞いているだけで恐ろしくなるような音で、溶岩が絶え間なく沸き立つ、どきどき脈を打つような音だった。

山の頂上全体に石が散らばり、その中の幾つかは一トン以上の重さがあった。大部分は柔らかい灰についた跡がまだ真新しいことから見て、明らかに最近噴出したばかりであった。数箇の大きい石はまだ熱かったので、我々の登山中に起きた爆発で火口から噴出したものにちがいなかった。爆発のあるたびに、新しい灰がすぐ石の上に降るので、どれが一番新しい噴火による石なのかすぐ見分けがつくのである。人夫たちは落ちたばかりの石を指して、我々の注意を強く惹きつけようとしたが、今いる場所に長く留まっているのは大層危険だと言いたかったのだろう。しかし、そこは極めて興味のある場所であったし、高くて眺望に有利なこの山から見る眺めは実にすばらしかったので、我々は彼らの警告を無視した。

東の方にはぎざぎざの山並みが連なり、その端に妙義山の険しい岩峰が見える。さらにはるか北の方に日光連山が見える。北の方は上野《こうずけ》地方で、草津《くさつ》の山地や白根山《しらねさん》がある。一方、西の方にはウェストン師が「日本アルプス」と呼んだ大きな岩峰が連なる峻厳《しゅんげん》な山脈が、午後の陽光を浴びて夢のような光と影を見せていた。南の方に甲州の大きな山々が立ちはだかり、その上の方のはるか遠くに雪を被った富士山の美しい円錐形《えんすいけい》が高く聳えていたが、その均整のとれた美しさは見えるかぎりのどの山よりも優っていた。

周囲の美しい景色を眺めたり、山の西側にある昔のこわれた噴火口の不思議な赤や紫に彩られた岩壁を見るのに夢中になっていたので、時間があっという間に過ぎて、下山の仕度を始めたときにはもう三時になっていた。

人夫たちは先に出発していたが、私とハーレイはここを去りがたい思いで、火口を最後に一目見ようと数分間立ち止まっていた。私たちが地獄の穴の端に立ったとき、雷のようなすさまじい音がして、大地が二つに裂けたかと思った。火口の底がばらばらに飛び散って吹き上がり、無数の岩石が壁にぶつかった。数瞬の間、戦《いくさ》の響きにも似た音が轟《とどろ》いた。たくさんの岩が崖に当たって、貝殻が爆発するような音を立てて粉々に砕け、雨あられのような石が唸《うな》り声《ごえ》を上げて傍らをかすめ、空中へ数百ヤードの高さまで飛んでいった。

あまりにも突然の出来事だったので、そのときどんな気持ちだったか思い出すことができないが、ただ憶えているのはいよいよ最後の瞬間がきたのだと思ったことだ。落ちてくる石に打たれるのは避けられそうになかった。最初は衝動的に逃げようと思って走り出したが、数歩走ってから、落石に当たるのは、走っても止まっていても同じことだという考えが頭に浮かんだ。ハーレイも走り出したが、一言もいわずに私と同じく立ち止まったのは、明らかに同じことを考えたからだった。ちょうどそのとき、噴火のすぐ後に火口から吹き出した煙が、大きな雲となって上空を覆ったので、石の飛ぶさまが見えず、それがどこに落ちそうなのか見当がつかなかった。無意識のうちに頭を守ろうと、両手を固く頭の上に組んで空を見上げたこの瞬間のことを、容易に忘れることはできないだろう。

間もなく石がぱらぱら降ってきて鋭い音とともに深く灰にめり込んだ。運よく噴火の主力はいくらか東の方向に向いていたので、火口の東側に石の大部分が降ったらしい。我々のいたのは南側の縁だったので、少し離れた所ではきっと石があられのように降ったであろうが、この近くで降ったのはほんの少量の石だった。

一難去ってまた一難、やっとスキラの岩から逃れたと思ったら、カリブディスの渦巻きが待ち構えていた（共にイタリアのシシリー島近くの難所）。火口から吐き出された煙に巻き込まれて、硫黄分を含んだガスで息が詰まり、ほとんど窒息しそうになった。息ができないので、両手で口と鼻をしっかり押さえながら空気を求めて煙の中を闇雲《やみくも》に駈け出した。このときまたもや運命が味方した。二十歩も歩かないうちに混沌《こんとん》とした煙の中から突然明るい日光の照る所へ抜け出したのだ。安全な所までよろめき出ると地面に倒れて、清らかな甘い空気を胸一杯吸い込んだ。我々にとって幸せだったのは、そのとき吹いていた強い風が、南から吹いていたことだった。そのため煙がこちら側から火口の向こう側へ吹き払われたのだ。もしそれが北から吹いていたら、逃げることができずに煙で窒息しただろう。

この煙の柱はまさに畏敬《いけい》の念を起こさせるほどの美しさで、我々はすっかり魅了されてそれを見上げていた。煙は大きな黒い渦を巻いて舞い上がったが、その勢いは風にも負けないほどの強さだったので、それが我々の方へ膨れ上がったとき、何度か後ろへ退かなければならないほどだった。それは巨大な渦巻きとなって天へ舞い上がると、その渦の中心から真っ白な蒸気が大波のように吹き出して、煙に立ち向かって支配を争うかのように盛り上がった。しかし、白い煙と黒い煙は交互に上へ上へ舞い上がると、お互いに交じり合って、次第に広がる灰色の柱となって空へ昇った。その柱は風に吹かれて北の方へ傾くと、すぐに上空の雲の方へ流れていった。

これこそ二つとないすばらしい写真を撮る好機であった。ところが、辺りを見回して人夫の姿を探すと、彼らが私のカメラを担いで、走れるかぎりの速さで、一目散に山を駆け下りているのが目に入った。もし彼らを止めないと、火山が激しく活動しているときに、火口の縁で写真を撮るという千載一遇の好機を逃すことになると気がついたので、彼らの後を追いかけて止まるように叫んだ。案内者は今止まれば皆死んでしまうと叫び返して、山の斜面をさらに速く駆け下り続けた。彼らは柔らかな砂の上を走り抜け、石の上を鹿のように跳び越したが、もっと穏やかな足取りに合うように荷造りした私の撮影道具が、そんな駆け方をすれば壊れるかもしれないことには、全くお構いなしだった。叫んでも彼らを止めることができなかったので、私は後を追いかけたが、身軽だったので、すぐに手持ち用のカメラを持った男に追いついた。しかし、彼は恐怖で半分気がおかしくなっていて、いくら一生懸命頼んでも逃げ足をゆるめようとしなかった。噴煙が一番見事な形をしている状態が決して長くは続かないことを知っていたので、二つとない写真を撮る好機を失うことを恐れ、不本意であったがもっと強制的な方法を行使せざるを得なかった。それは思ったとおりの結果になった。カメラを人夫の背負子《しょいこ》から急いで外すと、私の命令で立ち止まった年取った方の人夫と一緒に火口の縁へとって返した。そこで火口から吹き出す噴煙を背景にして、ハーレイが火口の縁で自分のカメラを手に持っているスナップショットを急いで撮った。先刻、我々がそこで火口を眺めていたとき起きた爆発で、火口から吹き出した空気の圧力があまりに強かったので、ハーレイのパナマ帽が煙の中へ高く吹き飛ばされ、そして火口の中へ落ちてしまったのだ。帽子の哀れな最後の思い出は、帽子がなくなったことを償って余りあるものであったから、彼はそのことを決して後悔しなかっただろうと思う。

危険が去ると、半マイルばかり離れた所にいた案内者に、口々に熱心に訴えかけていた人夫たちが戻ってきたので、彼らがもめ事を起こすつもりだと分かった。案内者は、自分の命を守ろうとして逃げ出した者をなぐるとは、一体どういうつもりだと私に食ってかかった。

危険が去ったのを見定めてから、追跡を始めたのだから、この場合彼の言うことは全く公平でないと思われた。私は、日本では人を手荒に取り扱うことは、重大な侮辱になると知っていたが、その時の事情が許すよりもずっと穏やかにやったつもりだった。しかし、もしここで彼らに対する立場を逆転させないと、きっと厄介なことに巻き込まれるだろうと思った。そこで私はかんかんに怒ったふりをして、十分な報酬を払っている仕事を放棄して、私がカメラを使いたいときがきたのに、それを持って逃げるとは一体何事だと逆に詰問した。私は今まで日本人は死に直面しても、決して怯《ひる》まずにそれを見詰めることのできる勇敢な人間だと思っていたが、お前たちは日本人の名に値しない卑怯者《ひきょうもの》だと非難した。だから、これからは、日本人はちょっと煙が出て、石が少しばかり空中に散ったからといって、命からがら逃げ出すような臆病者だと思わざるを得ないと言ってやった。もしこれがほんとうに日本人の精神であり勇気であるのなら、来るべき戦争でロシアを打ち負かすことなど、とてもできるわけがないではないか。そして、最後に、宿へ帰ったら主人にこのありさまを報告して、今後外国人の客には、彼らを決して傭わないように忠告するつもりだと付け加えた。

私がこの演説を行ったときの案内者の顔は見ものであった。彼は全く途方に暮れてしまった。私が話し終えると、彼はがらりと態度を変えて、私に向かって怒りをぶちまける代わりに矛先を人夫たちに転じた。彼は私がしたように人夫たちを強く非難したが、その一方で、彼は何にも荷物を持っていないのに、逃げるときは他の者を追い越して一番先に逃げたのは、皆の中でも最低だと私が非難したことは、おくびにも出さなかった。案内者の態度が変わったので、人夫たちは首をうなだれて、私の所へやって来て詫びを言い、宿にはこのことを何にも言わないでくれと頼んだ。私はそれに同意し、私の味方になってくれた年寄りの人夫に、その場で相当のチップをやったので、彼は大喜びだった。おもしろいことを一つ付け加えておくと、私が手荒に取り扱った例の人夫は、その後の我々の軽井沢滞在中に、私のために骨身を惜しまず尽くそうとして、いつも手近にいて、私の必要な物を何でも手渡せる用意をしていた。

その日のそれ以後は、火山は一定した活動状態に戻って、濃い黒い煙が火口から噴き出していた。登山を開始する前に、宿の主人が我々に待つように言ったのは、こういう状態になることを言ったのだ。それは煙が自由に立ち昇っているときは、通気が行われている証拠で、火口に近づいても安全だからである。煙が出ていないときは、主要な空気口が塞がれた証拠で、閉じこめられた蒸気が何時間か蓄積されて、その上にある物すべてを吹き飛ばすことになるが、その結果は我々が目撃したとおりである。爆発の力は通気を塞ぐ堆積物の量によって変わってくる。山頂に散らばった巨大な石は、そんな爆発のとき、その付近にいるのは好ましくないことを証明している。

翌日一日中、激しく噴火した山の写真を撮ろうと、沓掛村の近くの見晴らしのよい場所で待ち構えていたが、火口から終日穏やかな煙が、腹立たしいほど悠長な様子で立ち昇っているだけで、それ以上何も起こらなかった。その翌日から三日間は雨だったが、四日目の朝じりじりして数時間待った後で、再び爆発が起きた。その時大きな煙の雲が火口に立ち昇っている待望の写真を撮ることができたが、吹いていた強い風のために煙の柱がかなり斜めに傾いた。

一七八三年（天明《てんめい》三年）に浅間の最後の大噴火が起きたとき、火口から膨大な量の溶岩が山の北東側に流れ出して、麓の谷間に向かって何マイルも流れ落ち、行く手にあるものをすべて破壊し、呑《の》み込んでしまった。

すでに一世紀以上も経っているのに、溶けた溶岩が固まった奇怪な姿は、少し距離をおいて見ると全く生々しく見える。しかし、近づいてよく見ると、そのねじ曲がった形の岩に苔《こけ》がついて灰色になっているのが分かる。溶岩の流れは松やその他の美しい林を切り裂き、行く手のあらゆるものを絶滅させた。美しい樹木の生い茂る森の木蔭から、急に目の前に現れるこの不毛の荒れ地は、地中に蓄積されたすさまじい破壊的な力をまざまざと見せつける一つの恐ろしい実例である。

第六章　精進湖と富士山麓

精進湖《しょうじこ》と霊峰富士の山麓《さんろく》の風景を見るだけでも、遠く日本まで旅行する値打ちがあるだろう。

日本に帰化したある英国人によって十数年前、精進湖畔に建てられた小さなホテルは、確かに鉄道から離れすぎているという難点はあるが、この楽しい隠れ家を見つけた人々にとっては、そこが孤立した場所だということ自体が、その主たる魅力の一つになっているのである。というのは、他にどんな欠点があろうとも——もしあったとしてもほんのわずかな欠点だが——このホテルはまだ少しも俗化していないからである。毎年百人かそこらの滞在客が、靴底のすり減るのも惜しまずにこのホテルを目指してやって来るが、来た人は誰でもこの景色を絶賛し、ここにホテルを建てるために全財産を投じた、勇敢で積極的な英国人の意気込みを高く賞讃する。彼はこうして日本でも最も美しい地域を開拓して、快適な宿に泊まらないと旅ができない旅行者にも、この美しい土地を訪れることができるようにしたのである。

星野《ほしの》（芳春《よしはる》）さんと優しくよく気のつくその夫人のお蔭で、私は日本で一番楽しかった日々をここで過ごすことができた。大変残念なことには、この文章を書く数ヵ月前、彼が死んだという報《しら》せを受け取った。星野さんを知っている人なら誰でも、彼のような人は他にはいなかったと言うだろう。彼の性格は独特で、荒削りのダイヤのようだった。彼の大きながっしりした体には、善意に溢《あふ》れた偉大な心が宿っていた。彼は嫌いな人は徹底的に嫌悪したが、好意を持った人には親しみを見せ、仲間としての強い愛情を示すのであった。彼はいろいろな国々のことをよく知っており、ユーモアの持ち味で彼に匹敵するほどの者はまずいなかった。

私が湖の付近を散歩するとき、彼は長い道のりを私と一緒に歩いたものだ。知り合って以来ずっとのことだが、彼はいつもいろいろな逸話を無限に語り続け、一時間と黙っていることがなかった。聞き手と同様に、話している本人も自分自身の話を楽しんでいたのである。時々このお蔭で、二人してカメラの傍らに坐り込んで、美しい富士山の頂上から雲が動くのを辛抱強く待っていた退屈な時間を紛らわすことができたのである。この美しい山こそ、彼が最初見て以来、生涯の最後の日まで敬愛し続けてきた山であった。彼は楽しい話を愛するのと同じように、自然を深く愛し、また同じように不正な行為を深く憎んでいた。

彼が努力して日本の新しい地域を、外国人の旅行者のために開拓したにもかかわらず、それによってもたらされた恩恵を、自分が帰化したこの国の人々が少しも感謝しないという考えが、いつも彼の脳裡《のうり》にあった。彼が亡くなった今となって、多分その人々は彼がどれほど皆にとって真の友人であったか思い出すだろう。彼は風致を保存するために、一貫して戦い続けてきた。美しい富士山麓の湖に、言い表せないような魅力を添えている森林が、全く伐採されずに残ったことは、偏《ひとえ》に彼の努力の結果である。

土地の人が悪いことをすると、彼はすぐに官憲に届け出た。だが、あるとき、悪党の一味がダイナマイトを使って、精進湖の魚を獲りにやって来たとき、彼は法律の力を借りずにその場で侵入者たちを自分の手で処理したのであった。ボートに乗って漕《こ》ぎ出《だ》した彼が、密漁者たちを追いつめると、密漁者たちは近づいてきた彼に向かって、導火線のついた爆薬筒を振りかざして、それ以上近づいたら火をつけて粉々にしてしまうぞと脅した。しかし、少しも怯《ひる》まず、彼は相手の舟に乗り移って、密漁の道具を全部取り上げ、右手の拳《こぶし》で皆を殴りつけて半死半生の目にあわせた。

私が以上のようなことを述べたのは、星野さんが生きていた頃の精進湖を知っている人には、この地方と彼の名は切り離すことのできないものであるし、また残念なことに彼を知らなかった人は、日本で最も美しい地方を快適に楽しめるようにした先駆者としての彼のことを、ある程度知っておくべきだと思ったからである。私は亡き星野さんの思い出を偲《しの》び謹んで哀悼の意を表すとともに、生前の彼の有能な協力者であり、現在もホテルを経営している星野未亡人のご多幸を心からお祈りしたい。

精進湖の旅は、富士の山麓全体を一周する旅へと延長されるのが普通であり、それは日本

〔上〕精進湖と富士山〔下〕山中湖と富士山

でも最も美しい景色に富んだ旅である。湖や、森や、川や、滝が次から次へと現れ、その背景には、常に偉大な富士の新たな英姿が、前にも増して美しく聳《そび》えているのである。

私は一年のあらゆる季節にこの旅をしたことがあるが、どの季節が他に比べて良かったか断定するのは難しい。冬も夏もそれぞれの良さがあるが、湖を見るのに一番良い月を選ぶとすれば、四、五月と十月が最適であろう。その季節には富士の山頂はまだ雪の冠を被っているし、森の木々が美しい緑に覆われているからである。

精進湖へ行くための鉄道の駅は、甲府《こうふ》と大月《おおつき》と御殿場《ごてんば》の三ヵ所があるが、そのうち甲府と大月を利用する人は少ない。富士登山の基地にもなっている御殿場は、東京から出る東海道線の沿線にあり、三ヵ所の中では一番便利である。しかし、宮《みや》ノ下《した》経由で人夫を傭《やと》い、箱根を越えて行けば、さらに楽しい旅となるだろう。

この道は乙女《おとめ》峠《とうげ》を越えて行く道で、美しい七マイルの道の最後の一マイル半は険しい乗馬道である。峠の標高は三千三百三十三フィートあり、峠と富士の間には二十マイルの空間があるが、天気の良いときには、この高さから見る富士の姿は実に大きく圧倒されるように見えるので、一里(二・五マイル)とは離れていないと思われるほどである。乙女峠の頂上に着いたとき、突然目の前に果てしなく広がる景色の雄大なことは筆舌に尽くしがたい。宮ノ下からの道中では、箱根の尾根が自然の障壁となって、女王のように毅《き》然《ぜん》と聳え立つ富士の峰は全く隠れて見えない。そして、最後の半マイルほどは、両側に高く萱《かや》の生い茂るジグザグの道を、苦労しながらゆっくり登ることになる。これは辛抱に対する報酬として、自然の女神が旅人を不意に驚かせてやろうと考え出したやり方なのだ。だから、最後の瞬間まで、その効果を減じないように、周囲のものを覆い隠して見えないようにしているのだ。そして、急に旅人の目から鱗《うろこ》を払いのけて、「ほら、見てごらん」と言う。そこで旅人は、突然目の前に現れたすばらしい景色に、ほとんど目が眩《くら》みそうになるのである。このようにして初めて富士の姿を見るのは、その人の生涯でもまたとない貴重な瞬間にちがいない。それを経験した人はほんとうに羨《うらや》むべき人であり、きっと生涯それを忘れないだろう。

山の中腹から下は微妙な薄紫色を呈して、その下の美しいビロードのような谷間の緑の中に、次第に柔らかく溶け込んでいる。そして、空から垂れ下がった大きな花のように、雪の白い花びらが山の上の方を覆っている。それはほんとうに見事な眺めで、どんな芸術家でもこの前では無力になるだろう。というのは、景色があまりにも雄大なので、知るかぎりのあらゆる技術を駆使しても、この眺めを再現するには、はるかに力が及ばないからだ。

御殿場から先は馬に乗る方法もあるが、私がしたように、上吉田まで小さな線路の上を走る鉄道馬車を傭うこともできる。それに乗ると、御者は皆が道を空けるように、絶えず笛を吹き鳴らしながら、痩《や》せた発育不良の馬が引く馬車を陽気に走らせるのだった。がたがたの馬車は方々の継ぎ目がゆるんでいて、一歩走るたびにぎしぎしと軋《きし》むので、ばらばらにならないのが不思議なくらいだった。須走《すばしり》を過ぎると間もなく籠坂峠《かごさかとうげ》の険しい登りが始まる。私は人夫と一緒にジグザグ道の始まるところで馬車を下りて、馬車の荷を軽くしてやり、雨に穿《うが》たれた深い溝を頂上めがけて登り出した。峠の頂上へ着くと、馬を馬車からほどいて少年に預け、そこから先は車体を自然の重力で山中湖へ向けて走らせることになった。御者は車をまっしぐらにスタートさせると、明らかに危険なスピードで次々と角を曲がり始めた。実際に驚くべき速さで角を曲がったので、もし車が線路から外れたら、我々は空中に投げ出されるだろう。私はドアを開けて、御者に馬鹿な真似を止めさせようとしたが、その前に次の曲がり角に達して——幸いにもそれは内側の曲がり角だったが——車は線路から飛び出すと、土手に衝突して、ひどく損傷した。しかし、幸い車輪は無事だった。車体は軽かったので間もなく皆で再び線路の上に戻すことができた。私はこれから先は曲がり角がないところへくるまで、ゆっくり走るように主張した。もし車がいつもこんな取り扱いを受けているのであれば、車体がこれほどがたがたになっているのは、何の不思議もない。警告の笛を高々と吹き鳴らしながら、御者はそれ以上事故を起こすこともなく、山中の村まで我々を運んだ。

村の北側にある「三日月湖」（山中湖）は、他の四湖に比べると美しさでははるかに及ばない。この付近は寂しい荒れ果てた土地で、気象が厳しく、南西十マイルに聳える大きな富士の陰になって、冬は日当たりが悪いので雪が何フィートも積もる。一方、山の西側では子供たちが日向《ひなた》で遊べるほど暖かい日がある。

富士の写真を撮ろうと湖畔へ下って行くとちょうど山頂を丸いきのこのような雲が覆っていた。この現象は、日本人が「富士の笠」と言って、大いに賞讃する現象である。富士を撮った一連の写真の中に、この現象を写した写真を加えることができたのは、大変嬉しいことであった。

そこから新しい馬車に乗り換えて旅を続けた。村を出るとすぐに、道傍《みちばた》に立っていた一人の小柄な娘が我々に向かって手を振ったが、御者はこの車は貸し切りだから、乗せることはできないと叫んだ。その娘は明らかに疲れていて、がっかりした様子に見えたので、私は人夫たちに彼女が坐れる場所をつくるように命じ、邪魔な荷物をどけさせた。彼女の話では、ひどく疲れてしまったので、馬車が来ないかと思って今までずっと待っていたのだそうだ。彼女はこざっぱりした綺麗《きれい》な外出着を着ていて、自分で織った絹織物を吉田町へ売りに行くところだと語った。そして、自分が作った品物を包んだ風呂敷をほどくと、親切にしてもらったお礼に、絹地を一枚受け取ってほしいと言った。私は辞退したが、彼女はそれを聞き入れようとせず、美しい模様のついた青い色の小さな絹の切れを押しつけるようにして手渡し、決して代金を受け取ろうとしなかった。目的地に着いて、丁寧な言葉で礼を述べて、サヨナラを告げたときの彼女の物腰は、これ以上ないほど淑《しと》やかであったが、彼女は一介の田舎娘にすぎなかったのだ。それに絹の切れは、彼女が払うはずだったわずかな馬車賃の何倍もの価値があったので、彼女の好意は私の親切をはるかに上回ることになった。

吉田の町へ近づくと、ちょうど富士の裾野《すその》で大きな軍事演習が行われている最中だったので、町中に兵隊が溢れていた。それは一九〇三年（明治三十六年）のことで、日本は国を挙げて、来るべきロシアとの戦争の準備をしているところだった。私が泊まった宿屋にも少なくとも九十人の兵隊が泊まっていたが、それにしては静かで、騒がしい声は一つも聞こえなかった。吉田の町の唯一の通りは一マイルほどの長さで、その真ん中に立つ立派な古い鳥居が、富士を背にして、すばらしい前景となっていた。鰻飯《うなぎめし》はこの土地の名物になっている。その名物の鰻の蒲焼《かばや》きとご飯を食べているとき、宿の主人が何遍もお辞儀をしながら入ってきて、宿帳に氏名、年齢、職業、その他警察の必要とする事項を記入してほしいといって、それを差し出した。宿帳を調べてみて分かったのは、ここの警察では、宿帳の記載が一体どこからどこまでが本当で、どこからどこまでがでたらめなのか、判別するのに困ったにちがいないということであった。例えばニューヨークから来た二十代の才能ある閨秀《けいしゅう》作家と、サンフランシスコから来た年齢不詳の女流画家で美術学校の教師をしている女性は、自分たちのことをバレエの踊り子と記入し、それぞれ年齢を六十七歳と七十五歳と書いていた。最近ここを訪れた有名人士の中に「アブラハム・リンカーン」の名があるかと思えば、百七歳の老人が泊まったことになっていた。ある機知に富んだ者が、自分の住所を「犬小屋」と書いていたが、それに他の人がこんな適切な言葉をつけ加えていた。「こういう愚かな犬ころにはお似合いの住まいだ」

宿の主人は宿帳にふざけたことを書かれたために、大変な面倒が起こることがあると言った。先に挙げた二人の婦人の場合は、「不審な人物」がそちらへ向かっていると星野氏に報せるため、わざわざ精進湖まで警官が派遣されたのであった。星野氏はこの件について事実を確かめて、その後精進ホテルを訪れた客に誰でも、彼の得意話の一つとして語り聞かせるのだった。

警察がこういう宿帳をつけさせる目的は、もし彼らが何か災難に遭った場合に、捜索を容易にするためであるということをよく考えてみれば、前に述べたような悪戯《いたずら》を単なる冗談だというのは貧弱な弁解で、教育のある礼儀正しい人々の知性に対する卑しい侮辱にほかならないのである。

翌朝六時に近くの寺の鐘の音で目が覚めた。厚くて気持ちのよい布団をどけて、天気を心配しながら雨戸の小さな穴から外を覗《のぞ》いてみた。空はすっかり晴れ上がって、朝日が輝き、風一つない上天気だった。空気は刺すように冷たく、厳しい霜が辺りのあらゆる物の上にうっすらと白く降りていた。朝日に照らされた富士は一篇の詩のような美しさであった。厚く雪に覆われた山頂は、紺碧《こんぺき》の空に照り映え、中腹まで流れ落ちている大きな雪の筋は、まるで垂れ下がる白い藤の花のようだった。頂上のすぐ上に一筋の薄い絹雲が、それ以外には雲一つない空に、天蓋《てんがい》をかけたように漂っていたが、東から射す薔薇色《ばらいろ》の光を反映して赤く染まり、その下の雪も同じように美しいピンクに染まっていた。

精進湖への旅を続けるには理想的な条件であった。そこで急いで支度をして、すぐに朝食を済ませ、人夫に荷物を担がせて出発した。険しい道を四十五分ばかり歩くと、河口湖へ達したが、それは富士の北麓にある四つの美しい湖の一つで、これらの湖があるため、この地方はウェストモアランド（イングランド北西部の湖水地方）に比すべき風光明媚《ふうこうめいび》な地方となっている。湖畔に着いてみると、湖の水嵩《みずかさ》が増したため、東の隅のいくらか低い場所にある船津《ふなつ》の村の家の多くが、屋根まで半分水に浸っていた。

岩の多い岬《みさき》の上の松の茂みの中に宿屋や小さな神社が建っており、古い石灯籠《いしどうろう》が並んでいるのが見えた。平底舟を一隻傭って、深い透明な水の上を走らせて行くと、舟が進むにつれて変わった形の岬や、美しい入り江や、全体が秋の色に彩られた小島などが行く手に現れてきた。

この湖には入り口も出口もないので、河口という名は、どちらかと言えば似つかわしくない名前だ。長さは約四マイルあり、西端へ着くまでに一時間十五分かかったが、舟から見る富士の眺めは最初から最後まですばらしかった。我々の上陸したのは、長浜《ながはま》という古風な村であったが、その村ではどの道も脇《わき》を水が流れていて、その水は木の幹をくり抜いて作った樋《とい》を通って丘から流れ落ちてくるのだ。どの家も芸術家の作品のような風情があり、屋根は厚い萱葺《かやぶ》きで、壁にはたくさんの黄色い玉蜀黍《とうもろこし》や漬物に使われる長さ半ヤードの巨大な大根が干してあった。そのせいで村全体が収穫のお祭りをしているように見えた。

〔上〕本栖湖と富士山〔下〕松の間から見る富士山

桑の木の茂みに覆われた鳥居坂という険しい丘が、河口湖とその隣の西《にし》の湖《うみ》を分けている。道の途中の深い杉木立の中にある小さな神社の傍らを通り過ぎて、丘の上まで二十五分かけて登った。鳥居坂には以前その名のとおり石の鳥居があったそうだが、その頂上からエメラルドのような緑色をした河口湖と、サファイアのような深い青色の西の湖の双方を見下ろすすばらしい眺望が楽しめる。西の湖は頼めば小舟で渡ることもできたが、我々は湖に沿って歩くことにした。道は湖面よりかなり高いところを通っていて、そのうち三マイルほどはほんとうにおとぎの国を歩いているようだった。林の木々はすっかり紅葉して燃えるような金と赤に輝き、柔らかな秋の光を受けた銀色の樺《かば》の木の枝の隙間から、下の湖面が宝石のようにきらきらと燦《きら》めくのが見えた。

湖の南岸にある小高い山が富士の眺めを覆い隠していた。しかし、湖の端に近づくと、次第に山は低くなり、最初に雪を被った山頂が現れ、次に雪の筋が見え始めて、森を抜けて根《ね》場《ば》村へ入ろうとするとき、湖の向こう側に姿を現したのは、南の空全体を占めるかのように聳える壮麗な富士の姿であった。

根場村を離れると再び森の中へ入ったが、それは今まで日本の方々で見た森の中でも一番美しい森であった。おとぎの国を出たと思ったら、今度は桃源郷《アルカディア》へ入ったのだ。樺や楓《かえで》の木の下の地面に、丈の高い銀色の苔《こけ》が密生し、その上に木洩《こ》れ《も》日が柔らかい光を注いでいた。藪《やぶ》の中で鳴く雉《きじ》の声が聞こえ、目の前の五フィートとは離れていない場所で、人に驚いた

松と富士山

猪《いのしし》が林の間の空き地を横切って走っていった。この森は驚くほど美しいので、私は歩き出してもすぐに景色に目を奪われ、立ち止まってしまう始末だった。人夫はそれを大いに喜び、私が讃嘆の声を上げると喜んで笑った。午後遅くなって、やっとこの不思議の国の出口を出ると、精進湖が見えてきた。

湖の岸沿いに半マイルほど歩いて、ある地点に来ると、人夫たちは立ち止まって向こう岸に向かって大声で叫んだ。間もなく応答の叫びがあって、遠くにボートが姿を現した。ボートが我々の方に近づいてくると、舵《かじ》を取っているのは星野氏自身だと分かった。これが後に私の親しい友人となり良き仲間となった彼との最初の出会いであった。

美しい湖面を二十分ばかり渡ると、精進ホテルの建っている宇《う》の岬《さき》へ着いた。曲がりくねった道を登ると、地の利を得た場所にホテルが建っていて、すぐに居心地の良い部屋に通された。熱い風呂を浴びてから、大変味の良い食事を楽しんだが、食事の間中、このユニークなホテルの主人は、後に数多く聞くことになったおもしろい話をいくつか聞かせてくれた。

私の寝室の窓から、松の木越しに美しい富士の眺めが見えた。寝る前に外を眺めると、山頂のちょうど真上に月が明るく輝いていて、目の下の湖はまるで鏡のように静かだった。

この最初の訪問以来、精進湖を何度か訪れたが、そこで過ごした時間はまたとなく楽しい時間だった。日本という国自体がこの世のオアシスだが、精進湖はまたその中のオアシスである。湖は海抜三千百六十フィートの高さにあり、湖の南側の松の生い茂った険しい岬の上に位置したホテルから、木の間を通して見る展望はこの上ない美しさである。日本の中でも、これ以上富士をよく見られる場所はまずあるまい。というのは、ここでは快適な椅子にゆったりと腰を下ろして、自分の都合の良いときに偉大な聖山を眺めることができるからだ。さらに、もっと怠けた恰好《かっこう》で富士に敬意を表することもできる。それは客間が全部南に面しているので、ベッドに寝たままでも山を見られるからであり、月夜の晩、寝る前に最後に見るのも、晴れた日の朝、起きてから最初に見るのも、美しい富士の姿である。だから、ここの景色は聖山の夢を見るのに有利である。そして、日本では、富士の夢を見るのは、幸運の訪れる前兆とされているのだ。もし元旦の夜に富士の夢を見れば、繁栄と長寿は間違いないと言われる。

日本では新年の夢についての次のような句がある。「一富士、二鷹《たか》、三茄子《なすび》」。これらのものを夢に見るのが一番縁起が良いとされていて、その順序はこの句のとおりである。富士が一番最初だが、それはこの山が日本で最も美しい自然の造形物であり、それ故、すべてのものの中でも最高のものとされているからである。鷹は尻込みせず太陽を見つめることができるので、正直の象徴といわれる。また鷹は決して腐肉を食わず、獲物を殺してその血が温かいうちにむさぼり食うので、清潔な暮らしの印ともいわれている。茄子は日本で珍重される紫水晶のように、美しい紫色をしているので、幸運の前兆といわれている。こういう縁起の良い夢がうまく見られるように、迷信深い人々は新年の晩に宝船に乗った七福神《しちふくじん》の絵を枕の

アイヌの家族

下に置く。

私は富士の夢を見る幸運に恵まれなかったが、寝る前に最後に見るのは富士の姿であり、翌朝目を開けて最初に見るのは、朝日が美しい色のハーモニーで彩る富士の姿であった。

晴れた日は山の姿が刻々と移り変わる。朝の富士は、夜の霧を振り払っているところだ。昼の富士は、積雲の帯が中腹に漂っている。月光に照らされた富士は、暗い夜空に逆さに吊《つる》した白い扇のようだ。このほかにもあらゆる姿に変化する。それは山が二度と同じ状態にならないからだ。雪の冠が一日か二日以上も同じ形でいることは滅多にない。風と太陽が絶えずそれに戦いをしかけているからだ。時として雪の冠は山の上部をほぼ水平に覆っているが、次第に

アイヌの猟師と漁師

日の光で溶けて、山肌に刻まれた谷間の雪だけが大きな雪の筋となって残り、遠くから見ると、まるで白い藤の房が垂れ下がっているように見える。

奇妙なことだが、日本語でフジというのは「藤」を表す言葉である。言語学者はフジという山の名前は藤に類似しているが、それに由来するものではないという。音《おん》は同じだが字は全く違う。山の名前が何からつけられたものか、学者の間では意見が分かれている。しかし、私は、アイヌについての権威であり学識の深いバチェラー師の意見が、恐らく一番正しいのではないかと思っている。彼の説では、この名前はアイヌの火の女神の名であって、アイヌがこの地方に住んでいたときにつけたものであり、それがそのまま現在まで残っているのだという。

冬になると、富士は全体が真っ白な雪で覆われることがある。それはそれで美しいが、より一層美しいのが上半分が雪を被っているときである。日本人が好むのはこのときの富士の姿で、この光景こそこの山を世界中で一番美しい山にしているのだ。これは大袈裟《おおげさ》な言い方だと思われるかもしれないが、富士のあらゆる姿を見て、さらに世界の他の有名な山を見た上で、私は敢えてそう主張したい。私と同じようにあらゆる条件の下で富士を見た者は、必ず私に賛成してくれるだろう。富士には何か言葉で言い表せないものがある。恐らくそれは、ほとんど完璧《かんぺき》に均整のとれた形からくる名状しがたい魅力と微妙な色調が一緒になって、絵筆にせよ、ペンにせよ、それを描き表そうとする努力を拒んでいるからだろう。

しかし、精進湖へ行くのは単に富士を見るためだけではない。湖そのものが、その周囲を囲む風景だけとってみても、日本でも有数の風光明媚《ふうこうめいび》な湖なのである。南側を除いて、湖の周りは樹木の密生した丘で囲まれている。自然がわざとそうしたのか、南側は広く開けていて、富士の裾野全体を見渡すことができ、その広がった裾の先が湖の水の中まで達している。湖の南岸には何百年も前に富士の火口から流れ出した溶岩の大きな流れが固まってできた巨大な溶岩の層がある。この溶岩は自然の山の障害にぶつかって、土手のように盛り上がり、周囲を壁で囲まれた大きな凹地《くぼち》をつくった。そこにやがて水が溜《た》まって、湖ができたのである。

富士山の周囲の湖は、全部地下の水路でつながっていると一般に信じられている。しかし、実際には、湖がそれぞれ異なった高さにあることが、この説を覆す根拠になると思われる。何故ならそれぞれの湖の水位は同時に上がり下がりするからだ。もし全部がつながっているのなら、こういうことは起こり得ない。一番低い所にある湖に常に他の湖の水が流れて一杯になってしまうだろう。乾いた天候のときに水が減少するのは、単に蒸発と吸収の自然の過程によるものだというのが星野氏の主張で、この説は絶えず水位が変化することについての正しい説明のように思われる。

この地域の溶岩の荒野には、矮小《わいしょう》な樹木が一面に生えていて、そこに日本の奇観の一つとして挙げられている場所がある。湖と富士の裾野との中間にある松の木の茂った丸山の麓《ふもと》に数ヵ所の洞穴があり、そこは一度訪れる価値のある場所である。この洞穴は、昔は火山の蒸気の吹き出し口であったが、火山が活動を休止して以来、蒸気も噴出が止まり、多くの洞穴は中が凍って厚い氷に覆われている。厳しい冬が終わる頃、洞穴の天井から下がった巨大な氷柱《つらら》が底から隆起した氷の石筍《せきじゅん》と合わさって、美しい水晶のような柱となる。

こういう洞穴の一つは、妖精《ようせい》の住む不思議な洞窟《どうくつ》の舞台装置を思わせるようだった。燃える松明《たいまつ》の炎を頼りに、天井から氷の房が下がり、下には氷の柱が立ち並ぶ間を進んで行くと、松明の明滅する光が辺りにゆらゆらと影を投げかけ、氷の柱をさまざまな色できらきら光る宝石を鏤《ちりば》めた柱に変えてしまうのだった。一方、一面に霜のついた周りの壁は無数の水晶をはめ込んだように燦《きら》めいていた。辺りのものすべてが驚くほどの美しさであった。この地下の不思議な宝の部屋の中を、天井から大きな氷の槍《やり》が落ちはしないかと心配しながら身を屈《かが》めて歩いていると、魔神の洞窟の中にいるアラジンのような気がしてきた。そして、宝石の入った大きな櫃《ひつ》が開いて置いてあるのを見つけて、そこから好きなだけ宝石を取り出し、生涯安楽に暮らすことを半ば期待したい気持ちだった。

恐らく精進湖での最高の景色は、夕日が山に沈む直前の景色だろう。この頃の富士が一番愛想が良くて、その魅力を惜しみなく見せてくれるときのようだ。この時刻になるとそよ風さえもなくなり、湖面は鏡のように滑らかになって、富士が自分の美しさに魅せられて、姿見の前に身を乗り出しているかのように見える。

この魅力的な場所には、他にも人を惹《ひ》きつけるものがある。その中でも最高と思われるのは水泳である。星野氏はこの楽しい気晴らしを好む客を喜ばせようと、特に選んだ場所を用意していた。そこには水泳客の便宜を考えて、飛び込み用の板や飛び込み台など、あらゆるものが備えてあった。だから、泳ぎたい者は、水晶のように澄んだ水に頭から飛び込んで、日本で最高に美しい景色の中で、思う存分泳ぐことができるのである。

ある冬のこと、驚くような贈り物で星野氏夫妻と子供たちを喜ばせようと思って、子供たちには玩具《がんぐ》の包みと、夫妻には一個の箱を持っていった。その箱を戸口に置くと、彼らはすぐにその中味が何だか知りたがった。「当ててごらんなさい」と私は言った。「ウイスキー」と星野氏。「ワインでしょう」と言ったのは可愛い星野夫人であった。「お二人とも当たりませんでしたね。きっとお分かりにならないでしょうから、私が箱を開けたほうがよいでしょう」と私は答えた。箱の中には光の星を降らせる大型の打ち上げ花火が一ダース入っていた。それは日本製で、木の筒から発射する種類のものだった。「こりゃ大変だ。この近辺でこんなものを打ち上げたら大事《おおごと》になりますよ。警察の許可を特別にとらなければなりませんな」と星野氏は言った。

必要な許可を得るための交渉がただちに開始され、一日か二日経つと、一人の小柄で敏《びん》捷《しょう》そうな巡査が派遣されてきて、彼が花火を点火する役をするということで許可が下りた。彼と星野氏との間で、長い間熱心な議論が行われた後で、彼はいかにも重大そうなそぶりで、自分の任務を果たそうと、打ち上げの予定地を調査に出かけた。彼が火の使者を空高く打ち上げるべく下準備を始めたときの意気込みは大変なものだった。彼は今までにこういう役目をしたことは一度もないと言ったが、その上こんな花火を扱ったことさえなかったのだ。それを見抜くのは、大して勘を働かせる必要もない容易なことだった。というのは、彼が自分の考えを説明しようとしている品物のことを、全く知らないということが分かったからである。

だんだん暗くなってくると、これからの仕事についての彼の話し方に、何となく弱気が目立つようになった。さらに暗くなると、彼は不気味なほど黙り込み、奇妙な憂鬱《ゆううつ》そうな表情が彼の顔に漂い始めた。真っ暗になって花火の箱が持ち出されると、彼は逃げ腰となり、自分はホテル（二百ヤードは離れていた）の中に残って、火事にならないように見守っているから、誰か他の人が点火したほうがよいのではないかと言い出した。

星野氏はこれに反対して、日本政府はすべての警察官が忠実に義務を果たすのを期待しているはずだと、厳しく彼を促した。そして、彼の腕をとって、花火の筒を固定した木の切株のところまで連れていったが、その様子はまるで死刑台に連行される囚人のようだった。

最初の花火を筒の中に入れて導火線をつけ、マッチの箱が巡査に手渡された。彼は何度かマッチの火をつけるのに失敗し、ついにマッチの箱の中味を地面にばら撒《ま》いてしまったので、星野氏は彼に退《ど》くように促した。彼は明らかにほっと一安心した様子になり、星野氏が自分で導火線に火をつけた。数秒後、周囲の山に響き渡るような爆発音が聞こえて、木霊《こだま》になってはね返り、今まで聞いたことがないほど何度も反響が繰り返された。音と同時に、空高く稲妻の閃光《せんこう》のように上がった花火は、頭上千フィートの高さでさらに一段と大きな音を立てて炸裂《さくれつ》すると、色とりどりの何百という星が空一面にシャワーのように広がってきらきら輝き、湖や周りの山をサーチライトの光のように照らし出した。星の光が消えると、その後の暗闇《くらやみ》はことさら強く感じられたが、強い光で一瞬見えなくなった我々の目が闇に慣れてくると、我々の教師であり保護者であったはずの巡査の姿を探し求めた。残念ながら彼の姿はどこにもなかった。彼はホテルの建物の安全をあれほど心配していたので、最初の爆音を聞くや否や飛び出して、山彦《やまびこ》になって戻ってくる音がその足を一層速めさせたのだ。そして、燃える星の輝きが道を真昼のように照らし出す中を、ホテルに帰り着いて、その無事を確認したのである。ホテルの安全を確保するために、残りの十一発が打ち上げられる間、彼はずっと建物を守ってそこに留まり、与えられた義務を勇敢に果たしたのである。花火が終わると、彼は自分の監督によって、すべてが順調に事故もなく行われたことを祝う言葉を述べた。

その夜は精進湖の人々の記憶に長く残るであろう。星野氏の子供たちの喜びようは、そこまで荷物を運んだ苦労を償って余りあるものであった。きっと子供たちはいつまでもそれを覚えているにちがいない。湖の向こう側の村人たちも長い間このことを忘れないでいるだろう。翌朝聞いた話では、彼らはこういう種類のものを前に見たことがなかったので、最初の花火が空中で炸裂すると、富士山が突然に噴火を始めたのかと思って、驚いて家の中へ逃げ込んだのだそうだ。

この近辺では、狩猟の楽しみがあり、湖には野鴨《のがも》がいるし、雉や猪が森の中にいるが、残念ながらそのことを書く余裕がないので、先へ進まなければならない。というのは、精進湖はこの地方を探索する基地であって、五マイル奥にはさらに綺麗な湖があるからだ。

本栖湖《もとすこ》は、山の場合の富士山と同様、他の湖を評価する場合の基準となる湖である。私はこの湖を恐らく二十回は訪れたであろうが、何回訪れてもその美しさに対する情熱が冷めることはないだろう。それは日本の湖の中でもまさに真珠ともいうべきもので、世界で最も美しいといわれる他のいくつかの湖と、その美を競い合うほどの美しさである。

精進湖からそこへ行く道は二通りある。一つは湖の西側にあって湖面より千フィート高い明神山《みょうじんやま》を登って下る道であり、もう一つは下を通る道である。山を登る道は大変すばらしい道で、美しく壮大な景色が広がり、だんだん高く登るにつれて、富士の姿が一歩ごとに大きく見えてくる。

山腹をジグザグに縫ったこの登りやすい道は、星野氏の個人的な指導で作られたものである。彼は倦《う》むことなく自分の所有する山林を改良し、資力の許すかぎり土地を買い求めた。彼はこの道を作るために山腹の広大な地域を購入したので、そのお蔭で見物客はこの山頂に

嵐の迫ろうとする本栖湖《もとすこ》

容易に登ることができるようになり、足許に地図のように広がる美しいパノラマのような景色を楽しむことができるのである。

この景観を描写しようと試みるのは、無駄な努力にすぎない。ゆっくり登ってゆくと、だんだん眺望が開けてきて、なお一層美しくなってくる。短い迂回路《うかいろ》を経て見晴らし台に達して、そこから全体の景色を見晴らしたときの感動は、まさに筆舌に尽くしがたいものである。これほどの景観を目の前にして、歓喜に心を揺さぶられ、感動に胸を打たれない者があるとすれば、その人の心は何と空虚であろうか。そして、せっかくの貴重な賜物を無駄にするのはなんと哀れなことだろうか。

スイスにおけるゴルナーグラート、フランスにおけるル・ブレヴァン、インドにおけるダージリン、カリフォルニアにおけるヨセミテ・ポイントと同じような地位を、日本において明神山(1)が占めているのである。

星野氏は意識して自慢しながら、この場所に私を案内した。私はそのときのやり方を決して忘れないだろう。そこへ近づくと彼は私に目隠しをして、手を引いて導いた。百ヤードばかり進むと、立ち止まって目隠しを解き外した。

突然目の前に現れたすばらしい光景に、私は魔法にかかったように立ちつくした。真正面に天にも届かんばかりに聳え立つ富士の姿はこの上ない美しさで、中腹の辺りに漂う小さな雲の帯のせいで、高さが一層高く見えた。左手の千フィートほど下の方に、波一つない精進湖のエメラルド色の湖面が輝いていた。青い空をそっくりそのままに映した湖は、微笑《ほほえみ》かける大自然の美しい顔に向けられた鏡のように見えた。右手には本栖湖が、晴れた日に大洋の真ん中で見られるような見事な青色に輝いていた。周囲の森が全部秋の色に染まっていたので、湖は金やルビーの飾りをつけたサファイアのように見えた。北と西の方向には、山脈が幾重にも複雑に連なっていて、そのさらに彼方に雪を頂いた甲州と信州の巨峰が空高く屹立《きつりつ》していた。

私はしばらくの間、夢中で景色を眺めていたが、ふと星野氏の方を振り返って見ると、彼は嬉《うれ》しそうに満面に笑みを湛《たた》えていた。彼は自然を心から賛美していたので、自分がこの上なく愛しているこの風景を、ほかの人が眺めて感動する様子を見るのが最大の楽しみだったのである。

「きっと貴方がびっくりすると思いましたよ。さあ、昼食にしましょう」と彼が言った。人夫が先に来て火を燃やしていたので、昼食はすでに用意ができていた。それはすばらしいご馳走《ちそう》だった。星野氏はこういうことを決して中途半端にしなかった。この景色を見て私がどれほど感動するか、彼に分かっていたと同じように、運動と爽快《そうかい》な空気にどれだけ胃袋が刺激されるか、彼にはよく分かっていたのだ。彼は私の楽しみが興醒《きょうざ》めするようなことはしなかったし、いつもランチの籠《かご》を詰めてくれる夫人も、長年の経験から何を用意したらよいか知っていた。籠にはサーディン、トマトと胡瓜《きゅうり》、冷たい鳥肉と雉肉《きじにく》、ヨークハムの薄切り、すぐに温められるシチューを入れた深鍋《ふかなべ》が入っていた。そのほかにミンスパイ、パンとチーズ、果物が入っていて、よく気がつく可愛い「奥さん」の健康を祝して乾杯するためのワインが一瓶添えてあった。

これが精進ホテル式のランチで、山へ散策に行くときは、必ずこれを携えていったものだ。大自然の造り出した見事な風景を楽しむのに、素敵な食事があれば一層興が増すのは当然のことで、それに同意しない者が果たしているだろうか。

一時間ほど休んでから、曲がりくねった道を下りて、本栖湖の数百フィート上でその周囲をめぐっている乗馬道に達した。この道を辿《たど》っていくと、西側の尾根の上にある中ノ《なかの》倉峠《くらとうげ》へ着いた。ここからの眺望はすばらしかった。全体に雪を被った雄大な富士の姿は白と薄紫色に輝き、松の木の深い緑に覆われた裾野は、優美な曲線を描いて澄んだサファイアのような湖へ流れ下り、周囲の林はペルシャ絨緞《じゆうたん》のような柔らかな色彩で彩られていた。真っ白な雲が大波のように空に浮かび、それを背景にして銀色の薄《すすき》の穂がそよ風に優しく揺れている光景は、今まで方々の国で見た景色の中でも、最も美しいものの一つであった。

本栖湖はいつも驚くほど美しい。晴れて日が輝き、風のないときは、湖の水の色はサファイア色ではなくて、深みのあるトルコ石のような青になる。その色は湖の上を流れる雲によっても変わってくる。時には紫色に見えることもあり、風で小波《さざなみ》が立って、それに光が当たると、灰色の縞《しま》になって見えることもある。ところどころが紺色に見えるかと思えば、山の

湯本の滝

陰になっているところでは、青味がかった緑に見える。日が落ちて夕焼けが始まると、富士の雪もピンクに染まり、湖は真珠貝のような乳白光を発するようになる。暗闇が迫ると、燃え立つ色はだんだんに薄れて、水の色は鉄のような冷たい灰色になり、最後は夜の闇よりもさらに黒くなる。

湖の周りを取り巻く山も同じように刻々と変化する。山の頂上が一瞬薄暗く不気味な様相を呈するかと思うと、間もなく光を遮《さえぎ》っていた厚い雲が山の頂から流れ去って、日の光を浴びた山々が金色に輝く。目の届くかぎりのパノラマのような景色は、変幻極まりない万華鏡のようだ。太陽の光は湖にも山にも同じように絶えず美しい戯れをする。時々薄黒い雲の中に小さな穴を見つけると、どこかの山の頂めがけて、強いサーチライトのような光を放射して、金色の丸屋根のように輝かせたり、林の中にどこか彩りのよい場所を見つけると、そこを照らして辺り一面を燃え立つような色にする。

この美しい場所で、私はカメラとともに何日も楽しい日を過ごした。しかし、私がここから「富士と薄《すすき》の穂」の写真（三三頁参照）を撮ることができたのは、最初にこの場所に来てから三年も経った後で、それまでに中ノ倉峠への往復十四マイルの道のりを十数回も歩いて、長い間辛抱強く待った後で、やっと撮影することができたのだ。あるときは、山が晴れていても風が吹いているので、草が大きく揺れて思いどおりの写真を撮ることができなかった。またあるときは、草は揺れていなかったが、富士に雲が懸かっていた。しかし、ついに

白糸の滝と富士山

ある日、長い間待ち構えていた瞬間がやって来た。山はくっきりと見えていた。そして、ほんのわずかな間、草が静止していたときに、待望の写真を撮ることができた。

精進湖での日々は飛ぶように早く過ぎて、私の滞在はいつも思ったより早く終わってしまうような気がするのだった。その後は人夫たちに荷物を担がせて、富士山麓を完全に一周する旅に出かけるのが普通だった。道は二通りあり、上井出《かみいで》を通って有名な白糸《しらいと》の滝《たき》を経由して行く道と、富士川を舟で下る道とがある。白糸の滝は見事な滝で、溶岩の層の上に積み重なった岩屑《がんせつ》の間を通ってきた無数の細い流れが絶壁の上層部から吹き出して、たくさんの細い滝となって平行に落下し、二百ヤード以上も下の岩に砕けて霧となって舞い上がる。この美しい水のカーテンを前景として、その背後に雄大な富士が聳える景色は実にすばらしい。

しかし、ほとんどの旅行者はこの道でなく、目新しい経験が味わえる富士川のコースを選ぶ。我々も富士川を目指して中ノ倉峠に向かい、清流が傍らを流れる景色のよい峠道を下って古関《ふるせき》の村を通り、富士川沿いの田原《たんばら》へ出た。もう暗くなっていたが、そこにはよい宿屋がなかったので、小舟を傭って半マイルほど下流の八日《ようか》市場《いちば》まで行き、そこの上等な日本旅館に泊まった。

翌朝八時に舟に乗って川下りの旅に出発した。よく笑う可愛い女中たちが、どうしても手荷物を持たせてくれと言い張って、舟着き場まで見送りにきた。舟が流れに乗り入れると、彼女たちは一斉に可愛い声でサヨナラを叫んだ。彼女たちが玉砂利の岸辺に立って、見えなくなるまで手を振っていた姿は、八日市場の古い家並みとその後方に空高く聳える起伏の多い山々を背景にして、美しい一幅の絵のようだった。

川下りの舟は、京都の近くの保津川で使われているのとよく似ていて、長さ約四十フィート、幅六フィートで、吃水《きっすい》は一ヤードであった。腰掛け梁《ばり》が三本渡してあり、舳先《へさき》は尖《とが》って高く突き出ていた。船頭は短い櫂《かい》を持った三人の漕《こ》ぎ手《て》と、舳先に竿《さお》を持って立っている水先案内と、後部の腰掛け梁の上で長い櫂を持って舵《かじ》をとる舵手《だしゅ》の合わせて五人であった。舟底は平たく極めて柔軟な構造をしているので、川面に波が立っているような場所にくると、底板が船首から船尾まで全体にわたって上下に揺れ動くのだった。舟には底荷として木炭が一杯積んであり、それは早い流れでも軽い舟の重心をうまく安定させる役をしていた。それはきちんと包装して縄で縛ってあり、漕ぎ手の邪魔にならないように上手に配置してあった。こうして我々は岩淵《いわぶち》に向かって四十五マイルの舟旅に出発したのである。

八日市場を出て間もなく、早川との合流点にある飯富《いいとみ》の村の前を通り過ぎた。ここで川幅が狭くなり、流れが早くなって、巨大な安山岩の柱が並んだ「屏風岩《びょうぶいわ》」という崖《がけ》の傍らを通った。八時三十分に最初の本当の急流にさしかかったが、それは距離が短く、一時間約十四マイルのスピードでそこを下った。三十分経って日蓮上人《にちれんしょうにん》の遺骨が葬られている身延《みのぶ》の寺の近くを通った。この辺りは非常に景色がよく、山の斜面には豊かな段々畑がつくられ、下の方は一面に桑畑になっていた。この地方は養蚕の盛んな地方なのだ。左側の高い崖に遮られて、富士の姿は全く見えなかった。間もなく舟は絶壁の麓めがけて、猛烈な勢いで走り出したが、崖縁《がけっぷち》の岩に川の水がぶつかって一ヤードも高く盛り上がっていた。それは川の流れがその方向に突進して、鋭い角を曲がるとき岩に当たって撃退されるからである。ほんとうにスリルに富む急流の流れる場所は数少ないが、ここはその一つであった。水先案内は竿で舟べりを激しく叩《たた》いて、ボートの運命を左右する神様の注意を惹こうとした。一瞬神様は我々に気がつかなかったらしく、ボートが岩にぶつかってばらばらになるのは避けがたいかと思われた。しかし、注意深い神様は最後の瞬間に気がついたので、ボートは盛り上がる水とともに浮き上がり、水先案内の竿が触れるくらい、ぎりぎりの所で舳先が岩をかわして、角を曲がり切ることができた。

その後は流れが緩やかになり、舟は安定して進んでいった。川の両側の起伏の多い山々は華やかな秋の色に彩られ、山裾の段々畑の丘の麓にある絵のように美しい村々が、ずっと両岸に続いていた。三人の漕ぎ手が規則正しく櫂を漕ぐリズミカルな動作が次第に速くなってくると、彼らは突然舟歌を歌い出し、それに水先案内と舵手が加わった。

その先で川は二つに分かれていた。我々は流れの速い左側の川を進み、大変な速さでそこを下った。二つの水路の合流点で、水がぶつかり合って大きな波を立てていた。この地点で船頭たちの懸命な努力にもかかわらず、舟は片側から大波を受けて、舟べりがほとんど水につきそうになった。しかし、ここで、十分に積み込んだ底荷がその威力を発揮して、舟は浸水を免れた。すぐに舳先を立て直して舟は流れを順調に下り始めた。ちょうどそのとき、富士が前方の丘の上に、ほんの短い間姿を見せたが、頂上には雲がかかっていた。ここで左側に舟を着けて、有名な吊り橋を見物した後で、再び舟を進めた。間もなく左手に富士の雄大な景色が開け、正面には愛鷹山《あしたかやま》の尖った峰が見えた。

急流が次から次へ続いた。舟が崖の傍らを通るとき、水が湧《わ》き立《た》って滔々《とうとう》と流れる中を水先案内が竿を使って恐るべき崖から舟をかわしたことが何度もあった。松野の村近くにある右手の断崖《だんがい》には、たくさんの背の高い六角形をした玄武岩の柱が、柵のように規則正しく、びっしりと垂直に立ち並んでいた。この辺りから先は川も穏やかで、富士の姿がいつも見えるようになり、ついに舟は岩淵の水路の入り口に入ってきた。町の中心へ着いたのは一時であったから、四十五マイルの旅にちょうど五時間かかったことになる。

そこから東海道沿いに徒歩で、今晩の宿、鈴川《すずかわ》へと向かった。

注

（1）　ここでいう明神山とは、現在のパノラマ台のことだと思われる。明神山と同じような景色のよい場所として挙げられている、スイスのゴルナーグラートはマッターホルン、フランスのル・ブレヴァンはモンブラン、インドのダージリンはカンチェンジュンガ、カリフォルニアのヨセミテ・ポイントはヨセミテ滝の、それぞれの景観を楽しめる場所である。

第七章　富士登山

大昔から日本の文人は富士山の美しさを描写してきたし、詩人はその魅力を歌に詠《よ》んできた。昔の風景画家は富士山の霊妙な美しさに魅せられて、南側の山麓《さんろく》に沿ったありとあらゆる地点から——中には想像もできない地点もあるが——この聖なる山の絵を描いている。北斎《ほくさい》はその当時の農民の生活や特徴を不滅のものとして今日に伝えた偉大な画家であるが、八十近くになってから、富士の景色を百枚以上の色刷りの木版画に描いている。それは東海道の方々の場所から描いたもので、その前景は一枚一枚異なっている。広重《ひろしげ》も同じような試みをしているし、他の画家も、有名無名を問わず、刻々と移り変わるその美しさに魅せられて、いつかそれを描いてみようという気持ちになるのだが、実際にはそのとおり忠実に描くのは至難の業《わざ》であった。

富士は休火山で、海抜一万二千三百六十五フィートの独立した円錐形《えんすいけい》の山である。この数字は一年の月数と日数だと思えば、大変覚えやすい。裾野《すその》は周囲八十マイル以上あるが、だんだん小さくなって頂上は周囲二マイル半しかない。この山が死火山になったとは思えない。何故なら、山頂の東側には地面が熱くなっているところがところどころにあり、時候が

精進湖から望遠レンズで撮った富士山

寒いと火山灰の地面から蒸気が立ち昇るのが見られるからである。それは地下の火につながっている亀裂がそこに生じていて、その火はいつまた噴き出すのかもしれないということを示している。地質学によれば、富士はまだ若い火山で、その美しさが損なわれていないのは、火口の縁がその後の爆発で壊れていないためだそうだが、それは普通この種の山が早晩襲われる運命なのである。現在に至るまで、富士の秀麗な山容を傷つけた唯一つの痕跡《こんせき》は、南東の斜面にある小さなこぶである。これは宝永山《ほうえいざん》の火口の跡で、最後の噴火すなわち一七〇七年（宝永四年）十一月に起こって一七〇八年（宝永五年）一月二十二日まで続いた噴火の際にできたものである。

この噴火の起きたのは二百年前のことだが、いま富士は死火山であると書かれていることが多い。しかし、火山の一生にとって二百年という年数は、ほんの短い期間にすぎない。地球の地殻が冷えていく過程で、二百年というのは極くわずかな期間である。天文学的に見れば、その程度の期間は、一瞬の出来事にすぎない。ヘルクラネウムとポンペイを灰で埋める前に、ヴェスヴィアスはあれほど長く眠っていたではないか。事実、紀元七九年に大噴火が起きるまでは、ヴェスヴィアスは完全な死火山と考えられていたのであって、それが周囲のものすべてを破滅させる最後の瞬間まで、麓《ふもと》の町の住民は全く山のことを注意していなかったのである。その意味では、現在のナポリの町も同じ脅威に曝《さら》されているわけである。温泉や地震や硫気孔の多いこの日本で、一八八八年（明治二十一年）にそれまで休んでいた磐梯山《ばんだいさん》が噴火して大きな災害を引き起こしたことがまだ記憶に生々しいのに、火山であるからといってその全部を恐れる必要はないと敢えて主張できるだろうか？　偉大な富士山は、一見平和そうに見えるが、慎重に見守らなくてはならない。山の女神は死んだのではなく、まどろんでいるだけなのだ。

初めて日本へ来て、夢中になって富士山を眺めたとき以来、海のそばから壮麗な曲線を描いて空高く聳《そび》えているこのすばらしい山に、一度登ってみたいという願いを強く心の中に抱いていた。一歩一歩足を踏みしめながらその斜面を登って、日本で最高のその山頂から広く下界を見渡してみたいというのが私の望みであった。その後二年経って、幸いにもその希望を果たすことができた。さらに一年経って、今や私は再び山頂を目指していた。

汽車は東海道を下って、いくつかの丘を登り下りしながら、緑一面の田圃《たんぼ》の間を通って、目の前にエメラルド色の海原が広がる田舎の駅で停車した。そこは相模湾《さがみわん》で、白い帆を張った釣り舟があちこちに漂っていた。幅の広い波が日の光に輝きながら、小石の多い浜辺に打ち寄せては砕け、長い溜息《ためいき》のような音を立てて引いていった。あたりの景色は典型的な日本の風景であった。波打ち際で小さな子供たちが一団になって遊んでいた。子供たちは手を伸ばしてつなぎ合い、輪になっていた。その輪はゆっくり回っていて、真ん中に小さな女の子が立っていた。彼女は仲間がその前を通り過ぎるたびに、一人一人を指差しながら歌を歌っていた。歌のメロディーが風に乗って途切れ途切れに聞こえてきた。それは非常に美しいメロディーであったが、規則正しく浜辺に寄せては返す波の音を伴奏にして聞くと、何か物悲しく感じられるのであった。

その光景は日本的ではあったが、こういうものは世界中どこでも共通なのだと思わせるような光景であった。小さな子供たちがそうやって遊ぶのを、英国でも他の国々でも、どれほどたくさん見たことであろうか。

「ロンドン橋が落ちる、落ちる、落ちる
　ロンドン橋が落ちる、マイ・フェア・レディー」

人生とは喜びと悲しみと苦痛に満ちたものであることを知る前に、我々は皆こういう遊びを楽しんだものだ。日本の旅の思い出として、私がいつも懐かしく思い出すのは、旅行中に何回となく出会ったこういう子供たちが楽しげに遊んでいる、ちょっとした光景なのである。

　穏やかな相模湾を後にして、汽車が山の方へ向かうと、前方に甲州の大きな山並みが見えてきたが、その上空を厚い雨雲が暗く不気味に覆っていた。そして、汽車が西に向きを変えると、黒と紫の夏の衣裳《いしょう》を身にまとった富士の姿が大きくぼんやりと現れた。

　富士はいつもすばらしく、どんなときでも堂々としているが、この八月の夕べに見た富士はひときわ荘厳に感じられた。南側の空は明るかったが、山の上空には一面に雲が重なり合って渦巻いており、その雲は雪のように白く、ところどころに闇《やみ》のように黒っぽい部分が入り交じっていた。日に照らされて明るく輝く雲の塊を背景にして、天に向かって聳え立つその姿は、一層黒々と威圧するように感じられ、まさに崇高そのものの光景であった。

　この偉大な火山の麓へ近づけば近づくほど、翌日の天気の予想はだんだん悪くなってきた。重なり合った美しい雲の代わりに、薄黒い険悪な雨雲が西の空一杯に広がり始めた。けれども、一時その雲が切れたときに、富士の黒い山頂が我々の上にのしかかるようにその姿を現した。それは孤高の頂上を極めようとする図々しい登山者たちを、脅かして撃退しようとしているかのようだった。それは山の女神がただ一人で、誰にも邪魔されずに高峰を支配する権利を、阻もうとしている我々に対する挑戦のように感じられた。

　御殿場《ごてんば》に着いたのは六時半頃であったが、富士屋旅館の前に集まってきた人々の人数から判断して、我々の到着が町の住人たちのちょっとした気晴らしの種となったようだ。彼らは、今晩御殿場で一泊するか、それとも前から予定していたように、山を登って山腹の小屋に泊まるか、我々が話し合っているのを見て、どういう結論になるのか興味を持って眺めていた。結局、食事をしてからもう一度考えてみることにした。見たところ、宿屋は巡礼の客で満員のようだった。彼らはこれから火口の縁にある神社にお参りして、山の女神に祈りを捧《ささ》げようとする旅の途中であった。

富士山は、正式には一年のうち三ヵ月、すなわち七月から九月までしか山を開いていない。この他の期間に登山するには非常に面倒で費用もかかる。毎年山が開いている期間に、何千人という巡礼が山に登る。それは、その期間には五千フィートから一万フィートの間に、約千フィートごとに休憩のための小屋が設けられていて、食物や簡単な寝床の用意があるので、休み休みゆっくり登ることができるからである。献身的な信仰に奉仕した生涯の最後の仕上げとして、巡礼の旅に出た老人たちは、一週間から十日かけて、苦労しながらこつこつと毎日ほぼ千フィートずつ山に登るのである。今は山の開いている期間であり、御殿場は富士登山の基地として有名な場所なので、その夜宿屋に大勢の巡礼客が泊まっていた理由が説明できる。宿の主人に聞いてみると、七十人を越す泊まり客があったので、各部屋にできるだけ多くの人数を収容したとの話であった。

夕食は終わったが、夜のうちに出発したほうがよいかどうかの議論は無用であった。というのは、日本人の通訳中野と私の二人に割り当てられた部屋の窓から見ると、嵐《あらし》をはらんだ雲が刻々と広がってきて、満月の夜なのに空がピッチのように真っ黒になってきたからだ。間もなく目も眩《くら》むような稲妻が空を走り、それと同時に物凄《ものすご》い雷鳴が轟《とどろ》いたので、最後の審判の日がきて大地が引き裂かれたのかと思うほどであった。ずっと蓄積されていた嵐がついに爆発したのだ。大きな火山に秘められていた巨大な力が再び解き放されたとしても、その光景はそれから二時間の間、我々が目撃した大自然のすさまじい戦いには及ばなかったのであろう。稲妻が空全体を駈け巡って、あちこちでぴかぴかと閃《ひらめ》き、雷は一時間もの間ひっきりなしに鳴り続けた。ほとんどの巡礼たちは恐ろしさに圧倒されて、部屋や廊下に集まり、哀れっぽい単調な調子で、祈りの文句を声高に唱えていた。やっとのことで騒ぎが静まったので、明日の登山に備えて十分な休養をとるために布団に入った。

翌日午前三時、早い出発の準備をする巡礼たちの物音や話し声で目が覚めた。起き上がって空が晴れているかどうか外を見てみると、星空の中に富士の大きな三角形の姿がくっきり浮かび上がり、月の柔らかな光が全体の輪郭を美しく照らし出していた。もう一度横になって眠ったが、五時になると可愛い女中が起こしにやって来て、富士を見るように強く勧めた。嬉しいことに富士はそのときも愛想良い態度で、その魅力を惜しげなく見せていた。雪はところどころ斑《まだら》に残っているだけだったが、見目麗《うるわ》しく、早朝の空気の中で、山全体がピンクと紫に輝いていた。

登山の準備を整えるのは、かなり骨の折れる仕事であった。何故なら、写真の機材、携帯暗室、何枚もの乾板、毛布、着換えの衣類、五、六日分として十分な食糧などを運ぶために、頑丈な人夫を四人傭《やと》う必要があったからである。私は、頂上からぜひ撮りたいと思っている写真が撮れるまでは、必要なら山頂に数日間泊まる用意をしてきたのだ。休憩小屋で入手できる食物はほんの粗末な物しかないので、それに頼らなくても済むように、我々の用意した食糧だけで十分間に合うことを願っていた。

中野が人夫を傭う交渉をしている間に、私は旅館の正面に、並んでぶら下がっている旗に興味を持って調べてみた。それは厳密にいえば、旗ではなく手拭《てぬぐ》いであった。その手拭いは商人の広告であることが多く、彼らはそれを泊まった旅館の前に掛けたり、お寺や神社で手水《ちょうず》を使う場所の傍らで吊《つる》したりするのである。この手拭いは商人の名前や職業がその上に書かれているだけでなく、美しい芸術的な図柄がついていることが多い。それをお寺の手水の所に掛けておくことには二重の効用がある。それは手拭いという些細《ささい》な物ではあるが、お供え物として奉納するのであって、そうすれば参詣者《さんけいしゃ》がお祈りをする前に手や口をすすいでから、その手拭いを使って拭《ふ》くので、手拭いに効果的な図柄と一緒に寄贈者の名前と商売を記しておくことによって、立派な広告となるからである。手拭いは、必ず細い竹の棒にまっすぐに掛けて紐《ひも》で吊されているので、書いてある字が容易に読める。同じような手拭いを巡礼の人々が幟《のぼり》として使っているが、彼らは、自分の属する講社の宣伝のために、泊まった宿屋にそれを寄贈するのである。

中野が強力《ごうりき》と呼ばれるがっしりした体つきの荷物の背負い手を四人傭ったので、その幅広い背中にそれぞれ約四十ポンドの荷物を背負わせて、御殿場を午前七時に出発した。田圃や麦畑の間を通って、火山礫《かざんれき》の散らばる道を歩いて行くと、まっすぐ目の前に雄大な富士が天を摩するように聳えていた。それを見ると、今晩のうちに頂上まで達するのは、まず望みがなさそうだと思われた。約一里（二・五マイル）進んでから、私の撮影道具の中の重要な部品を置き忘れてきたことに気がついた。取りに戻る以外に方法がないので、私は急いで宿屋まで駈け足で戻って部品を持ってきた。これに一時間近くかかったが、私が後になってかなり疲労を覚えたのは、間違いなくこのせいであった。

田圃を過ぎると、道は上り勾配《こうばい》の荒野に差しかかったが、そこには長い草が生い茂り、背の低い松がところどころに生えていて、柔らかで清々《すがすが》しい朝の空気の中で、小鳥があちこちで囀《さえず》っていた。いくつかの千切れ雲が空を漂いながら、山の斜面に斑の動く影を落としていた。この雲は頂上の近くで一緒になって、間もなく山頂を覆い隠してしまった。

十時には山の斜面の下部を覆っている森林と下藪《したやぶ》の始まる地点に達した。後ろを振り返ってみると、さまざまな色の緑に包まれた箱根の山々が、大きな砦《とりで》のように連なっていて、西の方からゆっくり流れてくる一筋の銀色の雲が、その峰の一つ一つを微かに掠《かす》めて流れていく光景は一篇の詩のようだった。頭上の雲が少し切れたときに見ると、山の上の方の谷間に深い霧が立ちこめているのが見えた。その霧は残雪と同じような白さだったので、どこまでが雪でどこから霧になるのか、見分けがつかないほどであった。それはまるで山が冬の衣をまとっているのかと思わせるような、美しい景色だった。

十一時に馬返《うまがえ》しに着いた。昔、馬に乗ってきた者はここで馬を下りて、それから先は徒歩で登らなければならなかったのだ。というのはこれから先の山の斜面は極めて神聖なものとされていたので、馬の足で穢《けが》すことは許されなかった。同じように、以前は、八合目から上に婦人が登ることは禁止されていたのである。しかし、こういう古い規則は近年になって消滅した。現在では婦人たちは何の咎《とが》めも受けずに山頂まで登ることもできるし、巡礼の中にも、徒歩ではたっぷり二時間かかる二合目まで、足にあまり大きな負担をかけないように馬に乗って登る人が大勢いる。

近頃は富士も世俗的な山となったので、一九〇六年（明治三十九年）にある日本人が、賭《かけ》に応じて頂上まで馬で登ったことがある。この行為に対して新聞で強い非難の声が上がった。不思議なことに、この抗議は古くからのしきたりを破ったことに対する抗議ではなく、単にそれが馬を虐待することになるという考えに基づくものであった。これはどちらかといえば不合理な話で、その登山路によじ登るような険しい場所はなく、したがって馬で登ってはいけないという理由はないからである。現に馬は何の支障もなく頂上まで行ったのだ。ヒマラヤの峠道では、富士の山頂よりもっと高度の高い地点で馬が使われている。世界の国々の中で、東洋だけに限ってみても、日本の馬が特に優遇されているわけでは決してないのだから、こういう動物保護の見地に基づいた非難が起きたことは、なお一層驚くべきことである。これについては、日本を数多く旅行した外国人であれば、誰でも日本では馬がしばしば虐待され酷使されていることを証言できるだろう。

十一時十五分に海抜四千六百フィートの太郎坊《たろうぼう》に着いた。これは私が意図したような速い進み方ではなかったが、強力《ごうりき》は荷物が重いのでこれ以上速く登れないと不平を言った。太郎坊は興味のある場所で、大きくてがっしりした休憩小屋がある。我々一行はそこでお茶を飲んで、食事をした。太郎坊の名は以前この近くの神社に祀《まつ》られていた山の神に由来する。ここで山に登る巡礼たちが誰でも皆使う杖《つえ》を十銭で買うことができる。杖を買うと、富士山の名を漢字の焼き印で押してくれるが、頂上に行くとそこに住んでいる神主が別の焼き印を押してくれる。

ここで休んでいたときに、下を見下ろした景色は実に美しかった。田圃の水が日の光を受けて輝き、空気は全く澄み切っていた。望遠鏡で見てみると、古い東海道沿いに建っている家を一つ一つはっきり見分けられるほどであった。青空に浮かんでいる真っ白な雲が、景色をさらに一段と魅力あるものにしていた。箱根の山脈の上に漂っていた流れ雲が上空に上ったので、雲と山の頂の間に芦《あし》の湖《こ》の端が、日の光を受けて宝石のように輝くのが見えた。そして、さらにそのはるか向こうに、相模湾が青く広がり、その中に聖なる江《え》ノ島《しま》がぽつんと点のように見えたが、そこは今我々が立っている場所からは四十マイルも離れていた。

太郎坊で、それまでの快適な緑の森の木蔭を後にして登って行くと、突然道は火山灰の積もった荒れ地に変わった。そこからは十五マイル以上のジグザグ道を歩いて、七千フィートの高さまで苦労して登らなければならなかった。それはまさに荒涼とした風景であった。気持ちの良い森を抜けると、突然目の前に広がったこの光景は驚くべきものだった。溶岩の燃えかすが一面に広がった荒野が、足許では黒っぽく見えるが、次第に紫がかった灰色に変わり、何マイルも上の方で雲の中に消えていた。軽石や火山の岩滓《がんさい》が、うねったり小山のように盛り上がったりしているさまは、まるで焼きつくされた海のようだった。激しく降った雨が山の斜面を滝のように流れて、そこに大きな割れ目や谷間を作っていた。そこから頂上までの斜面は切れ目のない美しい曲線を描いていた。

この不毛の荒れ地を登っていくと、黒い溶岩の燃えかすに吸収された熱のために暑さがひどく、そのうえ八月の暑い日差しが我々の背中にじりじりと照りつけるので、楽に登れるはずの富士の登山が、冗談ごとではなくなってきた。ヨーロッパの最高峰を目指す骨の折れる登山でさえも、この果てしない砂の道を踏みしめながら、苦労して登ることに比較すれば、まだ楽だろう。この二つの山が極めて対照的なのは不思議なくらいである。モンブランは白く、巨大な氷の堆積である。富士は黒く、膨大な火山礫の集積である。シャモニーのホテルのヴェランダに腰を下ろして、大きな望遠鏡を覗《のぞ》いて見ると、時として小さな黒い点々が、一列になった蟻《あり》のように、モンブランの処女雪の上を、ほとんど動きが分からないほどゆっくりと動いているのが見えるだろう。一方、森や平原を後にして、富士の荒涼とした斜面を登り始めると、ここにも蟻の群れが歩いている。それはもっと数多く、黒い蟻の代わりに白い蟻が、真っ白な雪の上でなく、黒ずんだ火山灰の上を這《は》うようにして登っているのである。

伝説によれば、富士は一夜にして平野から隆起したのであって、それと同時に百五十マイル離れた土地で大きな陥没があり、そこに水が溜《た》まったのが今の琵琶湖《びわこ》だということである。一夜にして火山ができたというのは、確かにありそうな話だが、それは誰も分からない。しかし、富士が平野から隆起したというのは明らかに作り話である。何故なら、二合目の小屋の一マイルほど右手に堅い岩の塊が露出した深い割れ目があり、その岩は山の方々で見られる他の岩とは全く違う種類の岩だからだ。この岩が、ある低い山の頂であったことには疑いの余地がなく、あとから膨大な火山灰によって覆い隠されてしまったのだ。この地点から南東の方へ続いている一連の小山が、この説を裏書きしているように思われる。

ほとんど風がなかったので、暑さはもうこれ以上我慢できないほどになっていたが、ありがたいことには雲が出てきて太陽の光を遮《さえぎ》ったので、暑さが少し楽になった。それで我々の足取りも急に速くなった。一時に二合目の小屋に着いて、三十分休憩した。小屋を出てまた登り始めると、山の上のあらゆる方向から霧が渦巻いて下りてきて我々を包んだ。それは気温の急速な変化によって起こったもので、そのため涼しい爽《さわ》やかな風が吹き始めた。熱を吸収した柔らかい斜面を登るのは、どれほど辛く苦しいことだったろう。こうして太陽の威力を十分見せつけられた後で、この涼しい風は我々一同にとって大いなる救いであり、大変ありがたく感じられた。

登山道には草鞋《わらじ》がたくさん散らばっていた。この安くて役に立つ藁《わら》のサンダルは、田舎の道を歩いて旅するとき、日本人なら誰でも使っているが、私も自分の編み上げ靴の底に合う寸法の草鞋を十分に用意してきた。草鞋を履けばがらがらした溶岩の燃えかすの上を滑らずに歩けるだけでなく、靴の皮の保護のためにもそれは必要である。もしこれをつけないと、靴は荒れた鋭い小石のためにすぐぼろぼろになってしまうだろう。私と同じように富士山に登ろうと思う人は、大切にしている編み上げ靴を履いて登らないように忠告したい。というのは山に登った後では、靴はそれ以上の使用に耐えなくなるからだ。富士に登るのに適した履きものは、履きなれた古い編み上げ靴と数足の草鞋である。草鞋は登りに二足は必要で、下りには四足あれば足りる。長靴下より皮の脚絆《きゃはん》をつけたほうがよい。下るときには、足が小さな溶岩の燃えかすの中に絶えず埋まってしまうので、脚絆があれば石が靴の中に入るのを防げるからである。普通の日本人は山に登るのに決して靴を履かない。彼らは足の親指だけが分かれている紺色の足袋《たび》を履いて、その上に草鞋を結びつけて履いている。

三時四十五分に、八千六百五十九フィートの五合目に達したので、余すところ三千五百フィート強となった。周囲の霧が湿っぽく冷え冷えとしてきたので、ここで一休みして、熱いココアを楽しんだ。高度が高くなったのと道が歩きにくかったのに加えて、だらだらした歩き方しかしようとしない強力《ごうりき》を、後に残していくわけにはいかなかったので、体が温まるほど速く歩くことができなかったのである。私は平野の暑さに合わせた夏の服装で出発したので、この底冷えする霧が吹きつける中では、着物が薄すぎて寒さに震えていた。そこで強力が休んでいる間に、厚い毛織りの衣類を取り出して、大きく変化した気温に適した服装を整えた。

五合目の小屋を出発しようとしたとき、霧の一部が晴れて、そこから日の光を浴びた山中湖に上空の雲の影が映っているのが見えた。それとともに、我々の頭上の雲もほんの少しの間晴れたが、そこから見えた富士の山頂は、三時間も前にちらりと見えたときと全く同じで、まだはるか彼方にあった。確かに我々は少しも前進していないのだ。そうでなければ、きっと山がさらに高くなったのだ。下山する巡礼たちの一団が、念願を果たした喜びで、笑いさざめき、歌を歌いながら、駈けたり跳ねたり滑り降りたりして、まっすぐな下山路を下りてきた。

ほぼ一時間前に、他の下山者の一団に会ったとき、私は日本語で「頂上までどのくらいありますか」と聞いた。「三里ですよ」とその中の一人が答えた。

ここで陽気な巡礼たちとすれ違ったときに、もう一度同じように「頂上までどのくらいですか」と質問してみた。「三里です」というのが答えだった。

思ったとおりだった。疑いもなく我々が登るのと同じ速度で山が高くなっていくのだ。この調子では決して頂上に着けそうもない。ありがたいことには、少なくとも我々の足取りが遅すぎるわけではない。

四時半までには雲がすっかり晴れて、富士の全容が見えてきた。我々のいる地点はちょうど腰の上あたりで、山頂から太郎坊に至る斜面に沿って、大きく流れるように描かれた曲線の真ん中辺であった。遠くから見るとこの曲線はそれほど目立たないが、今我々がいる所から見ると、それは一直線ではなく、かなりずれていた。山の西側の方は斜面がかなり急で垂直に近く、その巨大な斜面は、空中に目も眩むような角度で聳え立っていた。

果てしなく続くこのジグザグ道を登るのはひどく疲れる仕事だった。何マイル歩いても、ただ曲がり角が無限に続いているだけで、単調な道にはなんの変化も見られなかった。私は単調さを破るつもりで、何度か近道してまっすぐ登ろうと試みたが、踏みならされた登山路を離れるとすぐに小石で足が滑り、前よりのろくしか進めなかった。五時になって、ようやく海抜九千三百十七フィートの六合目に達した。四十五分かかって七百フィート足らずしか登れなかったのだ。これは遅すぎるように思えるだろうが、もし全員が私と同じように身軽だったらそう言えるかもしれない。しかし、強力はそれぞれ自分の体重の三分の一に当たる荷物を背負っていたので、一番遅い者の歩調に合わせて歩くより仕方がなかったのだ。

小屋では、東京大学の学生たちが車座になって陽気に歌を歌っていた。そのほかに数人の巡礼がここで一夜を過ごすために泊まっていた。夏の富士に登るために全国から集まってきたこれらの巡礼は、大部分が田舎の人たちだった。彼らは貧しい人たちだったが、どこの村にもある講社に属していて、そこから出してもらった資金で巡礼の旅に出ることができたのだ。講社の会員はわずかな年会費を払い、毎年くじ引きで今年は誰が聖地を訪れるかを決める。巡礼の多くは白装束を着て、富士の形に似た鍔《つば》の広い菅笠《すげがさ》を被っている。太郎坊で買った杖を皆持っているが、巡礼が終わるとその杖は家宝として大切に保存されるのだ。そのほかに巡礼は大きな茣蓙《ござ》を背中に括《くく》りつけている。その茣蓙は両側に突き出しているので、それが風ではためくと、非常に滑稽《こっけい》な感じがして、まるで幼いひよこが一生懸命飛ぼうとしているようだった。この茣蓙は雨具の役にも立つし、背中に日が照りつけるのを防ぐ役目もする。そして、時にはベッドの役もするのだ。それはよくあることだが、休み小屋に着くと、備えてある布団が全部使われているので、布団がないことがあるからだ。さらにどの巡礼も腰に小さな鈴を結びつけている。だから、山開きの季節になって、天気が良ければ、御殿場口か須走《すばしり》口から登る斜面は、この小さな鈴が鳴り響く音で一杯になる。巡礼がゆっくり山道を登るとき、甲高い断続的な声で、「六根清浄《ろっこんしょうじょう》、六根清浄」という神道の言葉を唱える。それは人生の空しさと、体を清浄に保つべき教えを意味する決まり文句である。読者はユングフラウやモンブランを登る登山隊が、雪と氷の中を苦労しながら頂上目指して登るとき、自分自身を罪から清めようとする祈りの言葉を、お互いに呼び合っている光景を想像できるだろうか？　それなのに日本人を未開の異教徒と見なす人々がいるのだ。

「六根清浄」というのは、「六根清浄、御山快晴」という文句を縮めたもので、その意味は、「私の六つの感覚が清浄で、お山の天気が快晴であるように」という意味である。チェンバレン教授は、「この言葉は漢語なので、巡礼たちはほとんどその意味も分からずに、繰り返し祈りを唱えている」と言っている。この文句が全部使われるときは、一マイルかそれ以上離れている巡礼団の間で、交互に繰り返し歌われるので、山の斜面の長い距離にわたって、祈りの声が響き渡る。しかし、通常は縮めて最初の文句だけ唱えることが多い。

午後六時に七合目の小屋に着いたが、小屋は閉まっていた。目の下に広がったパノラマのような景色は、言葉では言い表せないほど美しかった。眼下の世界に、ふさふさした小さな雲の塊が千切れ千切れに浮かんでいて、まるでオリュンポスの神が大きな綿の塊を細かく引き千切って、地上にばら撒《ま》いたのかと思わせるような景色であった。ずっと前に山の向こう側に回った夕日は、地平線に近づきながら雲を金色に染めていた。山中湖は山の影になって、綿雲の間からその鉄色の滑らかな湖面がのぞいているのが見えた。はるか離れたずっと下の方に、森林地帯が柔らかなビロードを敷いたように広がっていた。そして、上の方には、トルコ石のような青い空を背景にして、紺と紫の色をした富士の頂が聳えていた。

登山道は七合目で「中道巡り《ちゅうどう》」と呼ばれる山の周囲を巡る道と交差していた。日本の自然崇拝家が大勢この道を歩いて富士を一周する。一周の距離は二十マイルで約八時間の旅である。景色を楽しむということだけに限ってみれば、これ以上高く登る必要はない。それは頂上から眺めると、あらゆるものがずっと小さく見え、霧がかかってぼんやりとしか見えないことが多いからである。

七合目から上は、急に登りが険しくなり、方々に溶岩の大きな塊が散らばっていた。私はできることならもっと早く進みたかったが、強力《ごうりき》は私の意気込みに動かされたような気配を全く見せずに、着実なゆっくりした足取りで歩を進めていた。彼らは自分たちの経験からそれが一番長続きする歩調だと分かっていたのである。その上、彼らにとってこの登山はなんら新しい刺激ではなかったのだ。彼らは一年のうち三ヵ月は、山の荷運び人夫として働き、山小屋へ物資を運び上げるのがその仕事である。まだ小屋が開いてから一ヵ月しか経っていないのに、四人合わせればこの夏だけで頂上まですでに三十回は登っているだろう。そのほかにも下の方の小屋には何度も行っている。だから、彼らが熱狂に駆り立てられないのも、無理のない話である。

私はこうやってこつこつ登って行くのに、いささかうんざりしてきた。それなのに山はいよいよ険しくなってくる。私は疲れを覚え始めたが、強力たちが重い荷物を背負って、こんな道をよく歩けるものだと驚きを感じた。彼らは鉄のような筋肉を持っているのに相違ない。傾斜がきつくなってきたので、石に触れないように注意を働かさなければならなかった。さもないと石が斜面を転げ落ちて、下から登ってくる者に危険だからである。足が非常に重くなり、筋肉に慣れない負担をかけたため、両方の腿《もも》が痛み始めた。一歩登るたびに小石が荒く鋭くなってきた。一体こんな調子で八合目まで行けるのだろうか。

強力も疲れてきたらしく、歩みがのろくなり、ついに立ち止まって一服し始めた。私は彼らのことを疑い始めていた。彼らは共謀して、今晩は八合目に泊まるように、私を説きつけるつもりなのだろうか。彼らがもっと重い荷物を、御殿場から山の頂上まで、通常一日で運ぶということを私はよく知っていたので、どうしても今晩のうちに頂上に着こうと決心した。私はそのことでだまされるつもりはなかった。それからは景色を眺めるために立ち止まるのもやめた。八合目に着くまでは、決して足取りを乱してはいけない。さもないと、彼らは私が疲れていると思うだろう。こういう考えに元気づけられて、新たな努力を重ねてついに小屋に到達した。そこでお茶を飲んだが、五分休んだだけで我慢して立ち上がった。それは持てるかぎりの意志の力を振り絞って我が身を励ましたのであって、私の本当の疲れ具合がどうなのか確かめようとして、じっと見守っている強力の目をごまかすためだった。煙草に火を点《つ》けて、それを吸うために小屋の外へ出た。八合目の小屋は海抜一万六百九十三フィートの高さにあり、頂上の小屋から千五百フィート下の所にあった。頂上の小屋は最高地点の二百フィート下にある山の窪みの部分にあった。太陽はずっと前に山の向こうに沈んでいた。トルコ石のように青かった空は、今や珊瑚《さんご》と琥珀《こはく》の色に変わり、下界はだんだんに暗くなって、薄く広がった夜霧が、夜の衣《ころも》のように地上を覆っていた。霧はほんの薄い層だったので、その上に愛鷹山《あしたかやま》や大山《おおやま》や箱根連山、その他の山の峰が頭を出しているありさまは、まるで伝説に出てくる神秘的な海の上に、ロマンチックな島がたくさん浮かんでいるようだった。私が見ている間に、日の光は急速に衰えて、箱根の乙女峠《おとめとうげ》の上に見え始めた輝きが、月が昇ってくることを示していた。暗さがどんどん増してきて、乳白色の空に星が微かにまたき始めた。東の空が明るくなって銀色に変わると、まだ空には夕焼けが残っているのに、もう月が海から顔をのぞかせて、相模湾を越えて伊豆の出入りの多い海岸に、ゆらめく一条の光を投げかけた。このすばらしい光景を見ただけでも、この旅をした価値があった。私は金の蒔絵《まきえ》に描かれたこういう景色を、今まで何回となく見てきたが、いつもその美しさに驚嘆していたものだ。今初めて、それを描いた画家に霊感を与えた現実の景色を、目の当たりに見ることができたのだ。

私がこのすばらしい景色を見つめている間にやって来た強力《ごうりき》たちが、予期したように疲れたと不平を言い出した。そして、今晩はこれ以上進めないと言った。しかし、私はそれに対して毅然《きぜん》たる態度をとって、登山を中断することはしないと断った。私はぜひ今夜中に頂上に着いて、寝る前に二、三の印象を記録しておきたいと思ったので、もし九時までに頂上に着いたら、一人当たり五十銭の割り増しを払うことを約束した。八合目の小屋を出発すると、彼らが疲れた振りを装っていたのではないかという私の疑念が、十分な根拠に基づいたものだということが証明された。というのは、今やできるだけ早く頂上に到達しようという熱意が湧《わ》き起《お》こったので、彼らの先頭に立って歩くのが精一杯なほど足取りが速くなったからである。割り増し賃金の刺激が、彼らの疲れを吹き飛ばしたのは驚くほどであった。

この頃にはすでに月が明るく輝いていた。登山道の近くにある残雪は、御殿場から見たときはただの斑点のように見えたが、四分の一マイルほどの長さがあり、周囲の暗がりの中で、ぼんやり光って見えた。道は固くしっかりしていたが、非常に険しくなってきた。散らばる岩の不気味な影の間を、一歩一歩登って行くと、火口の縁がだんだん近づいてくるのが分かった。胸がどきどきと高鳴り、ひどく頭痛がしてきたが、それは高度が高くなったためと、空気が稀薄《きはく》になったせいであった。黒々として底なしに見える涸《か》れた谷間の縁をゆっくり進んで行ったが、それは下から見ると山頂近くの山のひだとしか見えない大きな深い割れ目であった。そのうち頂上の輪郭がすぐ上の方に見えてきた。もうひと踏ん張りだ。最後の力を振り絞って、ついに富士の山頂に立った。

午後八時四十分だった。小屋まであと百ヤード足らずの距離だったが、強力は一度も後を振り返らずに、荷物を背負って無頓着に進んでいった。一方私の方は、今いる場所にしばらく腰を下ろして、周りの光景を見渡すことにした。凍るような寒さだったが、全く風がなく、空にはダイヤのようにきらきらした星がたくさんに輝いていた。地上にかかっていた靄《もや》はすっかり消えて黒々としていたが、海に向かって流れる富士川の急流が一本の銀色の筋となって、暗い大地を横切っているのが見えた。

周りにあるものは、ねじ曲がった岩と茫漠《ぼうばく》たる空間と静寂だけであった。下界から何か微かな音が聞こえてこないかと一生懸命耳を澄ましたが、すべてが全く静まり返っていて、何の物音も聞こえなかった。わずかに沈黙を破るのは、私の胸がどきどき打つ音だけであった。これほど巨大な空間が完全な静寂に包まれているのは、何か恐ろしいほどだった。静けさに魅せられて夢想に耽っていたため、寒くて体が震えてきたので、小屋に入ると、間もなく湯気の立った温かい食事が運ばれてきた。もう一度外に出るには疲れ過ぎていたので、毛布と布団にくるまって寝るだけで十分満足だった。

これから先は、私が山頂に滞在中に書いた日記を引用することにしたい。

八月三日——昨夜小屋の番人に、もし明日天気が良かったら、夜明け前に起こしてくれと念を押しておいたのだが、目が覚めたのは日が出てからかなり後だった。頭が割れるように痛い。小屋は窪地にあるのだが、強い風が小屋の周りを音を立てて吹きまくり、霰《あられ》が屋根を叩きつけるように激しく降っている。起きて、皆で炭火を囲んで朝食をとる。開け放した戸の近くで、料理用の薪《まき》が燃えている。外を見ても、渦巻く霧と吹きつける雪と霰のほかには何一つ見えない。

正午。時間がたつごとに嵐はいよいよ激しくなる。幸いなことに数日間保《も》つだけの缶詰《かんづめ》の食糧とパンを用意してきている。中野は山酔いにやられて、布団にくるまって寝ている。強《ごう》力《りき》は部屋の隅に皆集まって、体中すっぽり布団にくるまっている。

午後二時。嵐はますますひどくなる。ここに一日か二日は監禁を余儀なくされることは明らかなので、閉じ込められたこの場所の印象を書いておこう。小屋は決して快適でも優美でもないが、頑丈で風雨に耐えるように作ってある。それは溶岩の塊を積み重ねたもので、一つ一つの塊がモルタルで固定しなくても隣の石とぴったり合うように削ってある。壁はその基部で三フィートの厚みがあるが、外側は上へ行くほど薄くなり天辺《てっぺん》は一フィートの厚みになっている。小屋の内部には隙間なく木の板が張ってあり、鉄の筋交いを入れた堅固な材木の骨組みが屋根を支えている。屋根は建物の中では一番頑丈でない部分で、一インチの厚みの横板を渡して、その上に石油缶のブリキ板を張ってあるだけだ。支柱が十分強くて数が多いので、冬に積もるであろう雪の重みに耐えられるのだろう。下には砕いた噴石《ふんせき》が敷いてあり、一段と高くなった床に、木の板を張って畳が敷いてある場所は、泊まり客が毛布と布団にくるまって寝るための場所で、それは小屋の大部分を占めている。煙突がないので、松材の薪を燃やした煙が小屋の隅々まで充満している。

午後四時。午後になって二度、小屋の周りの嵐をついて外に出てみたが、氷のように冷たい風が山の上を荒れ狂い、ほとんど立っていられないほどだったので、急いで引き返さざるを得なかった。風がいくらか静まったとき、三度目に外へ出てみて、建物は両側に張り出しているることが分かった。建物の真ん中の部分に年取った神官が坐っていて、天気の良いときには、杖や着物に富士の山頂の判を押してもらいにやって来る巡礼を待っている。絵葉書の流行はこんな所にまで浸透している。年取った神官から絵葉書を数枚買って、友人に宛てて書き、巡礼の着物に押すのと同じ判を押してもらう。下へ降りる最初の強力《ごうりき》がそれを運んでいくだろう。

強力は食事のとき以外は、一日中布団から出てこようとしなかった。嵐がどのくらい続くのか、彼らが心配しているとは全く思えない。彼らは日給で傭われているのだから、今は楽をして稼いでいるのだ。彼らが天気の心配をしていないのは明らかだった。何故心配しなければいけないのか？　彼らは多分だんだん増えていく賃金の夢でも見ているのだろう。一方、中野はひどく惨めだった。可哀そうに彼は山の高度と煙のせいで頭痛がひどく、病気になっていた。彼はラフカディオ・ハーンの『怪談』を幸い持っていたので私に貸してくれた。それは日本の迷信や空想の物語を集めたもので、前にも読んだことがあるが、著者の恵まれた才能のお蔭で、退屈な時間を楽しく過ごすことができた。多くの伝説や迷信を生み出した日本最高の山の上で、嵐に閉じ込められながら、この不思議な物語を読むと興味が一層増すように思えるのだった。

日没。暗くなるにつれて、嵐は一段と激しさを増す。午後に二人の巡礼が小屋に着く。八合目の小屋から五時間かかって、やっと辿《たど》り着《つ》いたのだそうだ。今夜はここに泊まるとのことだが、もちろんそうするほかにない。火口の北東側にはもっと安い小屋があるそうだが、そこへ行くのは命がけの仕事だ。

八月四日午前七時――嵐は今や暴風となった。何時間もの間、一睡もできなかったし、空気が稀薄なので頭が割れるように痛い。今は七時だが、皆布団に深く潜り込んでいる。高くなったり低くなったりする悲しげな風の音を聞いていると、気分が憂鬱《ゆううつ》になる。風はほとんど絶え間なしに悲鳴を上げている。時々一瞬の間小止みになるかと思うと、またしても一層の激しさで襲ってくる。風はあらゆる力を動員して建物に襲いかかり、叩《たた》きつけるような激しさで吹きつける。しかし、十分に補強された堅固な壁は、猛攻撃にあってもびくともしない。獲物を逃した風は、怒りに狂って咆《ほ》えながら吹き抜ける。こういう経験をすることは二度とないだろうし、またそう願いたいものだが、山の機嫌が最悪の状態のときに富士の頂上で過ごしたことは、忘れられない思い出となるだろう。朝、風で目が覚めたときに、布団の中で嵐がだんだんひどくなるのを聞きながら、一体小屋は大丈夫なのかと不安を感じたものだ。しかし、今は心配はすっかり消えて、風の攻撃が繰り返されるたびに、小屋の頑丈さに対する信頼が一層大きくなる。

午前九時。全員起床して食事をする。風は少し弱まったようだ。もう怪談を読み終えたが、また読み直さねばなるまい。私はマレーの『日本案内記』しか持ってこなかった。どこの国についても最高の案内書だが、もうこの本の大部分は諳《そら》んじてしまっている。中野は依然としてひどく具合が悪く、もし下山できるものなら、下へ降りればよかったという。山酔いは確かに辛いものだ。私もモンブランで経験があるので、その苦しさが分かる。昨日来た巡礼の一人がひどい風邪を引いている。彼は絶え間なくくしゃみをして、このままでは死ぬのではないかと心配していた。彼の容態をみて、ウイスキーを生《き》で一杯と熱い湯とキニーネを十粒与えた。ウイスキーを飲ませるのに一苦労したが、キニーネは楽に飲んだ。今朝になると寒気も熱もなくなったので、彼は目に涙を浮かべて私に感謝した。そして、私のことを、彼の命を救うためにきっと神様が遣わしたにちがいないと言った。もし私に宣教師の本能があれば、この機会に乗じて彼を改宗させるために一日を費やしたかもしれない。しかし、私は宣教師ではないし、それに類した仕事もしていない。だから、私は何もせずに、もう一度怪談を読み始めた。この本の著者が信仰を持っているかどうかは疑問だが、もしそうだとすれば仏教の信者だろう。

宿の主人は、氷のように冷たい霧が吹きつける入り口のすぐ近くに坐って、一日中煙草を吸い吸い瞑想《めいそう》に耽っていた。時々紙切れを出しては何か数字を書いていたので、思ったより高尚な瞑想ではなく、卑俗な考えに耽《ふけ》っていたのかと疑い始めている。もし天気さえ良ければ、夜も昼も絶えず訪れたであろう登山客の埋め合わせに、私にどれだけの勘定を請求すべきか考えているのかもしれない。日本人一人と強力四人を連れて、外国人の客がやって来たことは、彼にとって誠に好都合な出来事であったにちがいない。もしそうでなければ、彼の小屋はがら空きだったであろう。彼の手助けをする下働きの男が一人いたが、その主な仕事は火の番をすることで、空気が稀薄なため火が消えないように絶えず見張っている必要があるのだ。嵐が次第に弱まる中を、こうしてもの寂しい陰鬱《いんうつ》な一日が過ぎていく。夜が近づくと、風がほとんど止んできた。ここへ来て三回目の寝床を作り、虫除けのために嫌な臭いのする油紙を敷いて、蚤《のみ》取り粉を撒き、布団に潜り込んだ。

八月五日――ここで目を覚ますのは三度目だが、相変わらず頭痛がひどい。嵐は全く静まったが、冷たい霧雨が降っていて、山頂には冷え冷えとした霧が立ちこめている。昼近くなって空が明るくなり、雲が切れ始めてくる。二時に一条の日の光が射して、濡れた岩が輝く。なんという楽しい光景だろう。たくさんの鈴が鳴る音がして、数十人の巡礼の一行の到着を告げる。皆、白装束を着て、腰に酒の瓶をぶら下げている。須走側の小屋に二日間閉じ込められていたのだそうで、これから火口を一巡するところだ。

火口壁の縁に沿って歩き始めると、年取って皺だらけの老婆が、歩きにくい火山礫の上をゆっくり歩いているのに出会った。挨拶《あいさつ》を交わした後で「お婆《ばあ》さん」はもう七十を越えていて、頂上まで登るのに七日かかったという話をした。我々と同様、彼女もこの二日間山小屋に閉じ込められていたが、別に具合は悪くならなかったようだ。彼女は日本の聖地を方々巡礼して歩いたが、富士山に登るのは初めてだそうだ。日本の田舎の人は皆そうだが、彼女も丁寧で穏やかな話し方だった。出発するときは仲間の巡礼と一緒だったが、仲間についていけなくなったので、他の連中は彼女を独りでゆっくり登るように残して、先へ行ったのだそうだ。頂上へ着く四日前に一行が降りてくるのに出会ったということだ。彼女と別れると、その年にもかかわらず、しっかりした足取りで、ゆっくり歩いていく後ろ姿が目に映った。彼女は経てきた試練に少しも怯《ひる》まず、途中で死ぬようなことがないかぎり、心に決めた使命を達成しようと固く決意して、一歩一歩足を踏みしめて進むのであった。年寄りがたった一人で、岩だらけの歩きにくい道をゆっくり歩いていく姿があまりにも哀れだったので、私は強力《ごうりき》の一人に命じて、彼女が無事火口を一周できるように助けてやり、行きたいと思う場所には、それぞれ案内するように言ってやった。この出来事は、しばらくの間そしてたびたび後になって、いろいろなことに思いを巡らす材料を与えてくれた。彼女の皺《しわ》だらけの姿は、本当は気高い不屈の魂を包み隠す俗世間の衣《ころも》に過ぎないのだ。彼女にとってこの苦労の多い旅は、方々の神仏にお参りして、できるだけ多くの功徳《くどく》を受けようとする深い信心の表れであるが、私が心に思い浮かべたのは、ある他の国の宗教のことと、日本人を異教徒と見なしているその国の婦人たちのことであった。その国の婦人たちの中に、この老婆の年齢の半分しか年を取っていないとしても、こういう目的でこれだけの仕事に取り組もうとする者が一体何人いるだろうか？

午後三時。山頂はすっかり晴れて、頂上から千フィート下の所を急速に移動している雲の上に浮かんでいるように見える。それを見ていると、雲が静止していて、山が動いているような奇妙な錯覚が起きる。まるで泡の中を進んでいる島の上に我々がいるようだ。その幻覚は最高に美しいが、それを見ていると目まいがしてくる。

富士山頂から見た日没の光景

富士の頂上は下から見ると平らで滑らかに見えるが、実際は焼けてさまざまな色をした大きなごつごつした岩に覆われている。ところどころに岩滓《がんさい》の大きな崖《がけ》が火口の縁から百フィートも聳え立ち、深さ五百フィート余りで直径三分の一マイルほどの大きな火口を取り囲んでいる。火口は二つあって、大きい火口の傍らに小さい火口があるが、間の壁は崩れてしまっている。両方の火口とも、内側の壁から絶えず崩れ落ちる岩屑《がんせつ》で埋まっているので、火口の底は誰でも自由に歩けるようになっている。南側と西側は、火口を取り囲む崖の陰になっているので、火口の底まで雪渓が続いており、富士の中で氷河に似ていると自慢できる唯一の場所である。

富士は単に神聖であるだけでなく、日本に数多くある聖山の中でも一番崇敬されている山である。火口の東側の小屋の近くに神社があるが、浅間《せんげん》さま、別名木花開耶《このはなさくや》姫《ひめ》が祭られており、日本の聖地の中で最高の地位を占めている。我々が恐ろしい絶壁の縁に立っていたとき、熱心な巡礼の一団が、はるばるやって来た参詣の旅の最後の仕上げをしようと、深い穴の底まで下りていった。彼らがそこで神様の注意を喚起しようと打ち鳴らした手の音が、無数の木霊《こだま》となって鳴り響くと、皆で一斉にさまざまな色合いをした火口の壁に向かって祈りを唱えるのだった。近くの険しい崖の縁で、他の巡礼の一団が同じような熱心な態度で、目の前に口を開けた火口に向かって祈りを唱えていた。頂上のどこへ行っても、拍手《かしわで》の音が鳴り響き、祈りの声が

富士山頂の神社

聞こえていた。

日没の少し前、私は独りで西側にある富士の最高地点、剣ケ峰《けんがみね》に出かけた。ここには山の稜線《りょうせん》にしがみつくようにして建っている小さな小屋があるが、山のこちら側は非常に傾斜が急なので、稜線に出ようとしたとき、溶岩の塊が転がって崖に二度ぶつかり、大きく跳ねてはるか下の雲の中へ消えていった。この小屋は気象学者野中《のなか》（至《いたる》）氏とその夫人が、一八九五年（明治二十八年）の冬、気象観測のために滞在したが、悪天候に災いされて、危うく命を失いかけた場所である。

日本の最高地点にあるこの小屋の近くに立っていると、下にあった雲の海が風に乗ってゆっくり上の方に上がってきた。私の立っていた頂上は、間もなく足の所まで霧に包まれて、山の他の部分は全く見えなくなった。この果てしなき大海の中のちっぽけな岩の島に独りで立っていると、自分が宇宙でただ一人の人間のように感じられた。急に雲の海の中に連れて行かれるような幻想にとらえられて、それがあまりにも真に迫っていたので、めまいがして倒れないように、腰を下ろさねばならなかった。

押し寄せてくる雲の波と谷間の中に、太陽が絶え間なく変わる光と影の対照を見せながら、ゆっくり沈んでゆく光景は筆舌に尽くしがたい美しさであった。私がこの日の夕方に富士山頂の最高地点から見たこの日没ほど、畏敬《いけい》の念を起こさせる荘厳な日没の光景を、世界中のどこでも見たことがない。ほんのわずかな間、輝きだけが残っていた。そして、太陽が雲の海の中にすっかり沈んでしまうと、雪のように白い雲の波が鉛色に変わり、すぐに暗闇が広がり始めた。

日輪の最後の輝きが、泡立って砕ける波の中に消えていくと、気温が急に変化したために起きた風が、火口の上を突然強く吹き始めた。大きな深い火口は霧の湧き立つ大釜のように見えた。流れる雲と薄れゆく光の中に、不気味な妖怪《ようかい》のようにぼんやり立っている岩の間を、氷のような突風が悲鳴を上げて吹き抜けていった。それは不思議な超自然的とも思える光景で、ダンテの夢の中に出てくる幻想のようだった。私がダンテで、目の前にぽっかり口を開けた火口は、底知れない地獄の穴の入り口で、そこから煙が立っているのだ。

その場の光景に圧倒され、畏敬の念に打たれて、その場所に立ちつくしていたので、霧が急に私を包むまで、自分が苦境に陥ったことに気がつかなかった。そのとき、小屋からは確か一マイル近く離れているはずだという考えが突然頭に閃いたが、どの道を行ったらよいのか全く見当がつかなかった。岩を手探りしながら進むと、間もなく巡礼の足で踏みならされた道に出たが、それは山頂を一周する道だった。盲目の人が道を探るように、杖を頼りにその道を辿っていくと、すぐに野中氏の小屋の前に出た。これで方角が分かったので、反対の方向へ進んだ。しかし、のろのろとしか進めず、何度も道を見失った。間もなく全くの暗闇に包まれた。周り全部が暗くなったので、自分の目から一フィートしか離れていない自分の手さえ見えなくなった。再び道を見失って、絶壁の縁に出てしまった。高さを試してみようと、石を転がして落とすと、底へ着くまでに三秒かかったので、約百フィートの高さだと判断した。それ以上進むことも戻ることもできなくなった。もしそうすれば、火口の中へ落ち込むか、あるいは反対側の絶壁を転げ落ちる危険を冒すことになるからだ。

雲の上から日没を見たことのない者には、暗闇がこれほど早く訪れることは信じられないだろう。しかし、実際にそうなのであって、その理由は何千フィートもの厚さの雲の帯の下に日が沈んだだけでなく、その雲の帯そのものが頭上まで上昇してきたので、空からの反射光までも一切遮られてしまったからである。太陽が沈んで一時間もたたないうちに、周囲は完全な夜になった。

小屋にいる誰かが私の声を聞きつけてくれないかと、長い間声を限りに叫んでみた。そうすると、ついに強力《ごうりき》の一人が応答して叫ぶ声が聞こえた。強力は私が長いこと帰ってこないのを心配して、探しにやって来たのである。明かりがないので、一歩も動けずに、やむを得ずじっとしていたため、すっかり体が冷えて、寒さで歯の根も合わないほど震えながら、岩の下の隠れ場に潜り込んだ。

最初の応答の叫びが聞こえてから、一時間以上待った。その男は私が叫んだ位置が分からずに、反対の方向へ進んだのかもしれない。というのは、深い霧の中ではあらゆる音が、紛らわしい方向に聞こえるからだ。ついに彼は私の叫ぶ声を道案内にして近くまでやって来たが、霧があまりにも濃いので、彼の提灯《ちょうちん》の火が霧の中にぼんやり見えたのは、彼がほんの数ヤード手前まで来たときだった。

私は浅間さまの祭壇に供えられる生贄《いけにえ》になる気は毛頭なかったのだ。今しがた経験したばかりの寒さの後で、小屋の暖かい毛布と布団にくるまって休むと、まさに楽園に来たような心地がした。

八月六日——強力が私を呼び起こして、早く起きるように言ったので、外を見ると、嬉《うれ》しいことに良い天気で、日の出の一時間前だった。急いで朝食をすませ、山頂の東の端まで来て、今これを書いているところだ。ここに来たのは、天と大自然のあらゆる力が繰り広げる豪華な色彩の盛典を見ようと思ったからである。

何人かの巡礼が日の出を拝もうとして待っている。青味を帯びた暗い空はわずかに明るくなり、星のまたたきが薄れてくる。空は美しい灰色に変わって、真珠のように柔らかな乳白色の光を放っている。その真珠色の空にほんのり赤味が加わり、バラ色に染まる。赤味がだんだん増すと、優美なピンクに変わる。ピンクが濃くなって、一瞬の間さらに鮮やかな色になると、空全体が赤くなって、金色の光線が大きな矢のように東から天頂めがけて放射される。下界をすっかり覆い隠している雲は、まるで燃えている海のようで、影の部分は紫だが、波の先端の銀色は次第に朱色に染まってくる。そして、全体がだんだんに金を溶かした坩堝《るつぼ》のようになってくる。それは荘厳な光景で、崇高な美しさに満ちている。

息を殺して胸をどきどきさせながら、巡礼たちは彼らの生涯のクライマックスを飾るこの華麗な現象に見とれていた。彼らはこのことを子供たちに話して聞かせ、子供はまたその子供に語り継ぐだろう。そして、この聖地にお参りした彼らの名前は、今後深い尊敬を受けることになるだろう。巡礼は頭を深く垂れて祈っていた。数珠《じゅず》を繰りながら唱える哀調を帯びた彼らの祈り声は、天に向かって昇っていくのだった。

　夜が明けるにつれて、地上を一面に覆っていた雲は、再び小さな雲の塊になり、その雲の間から青い湖がいくつかのぞいていた。中でも一番近い山中湖は、二マイル下にあって、十五マイルしか離れていなかったが、紺碧《こんぺき》の空と湖の上に浮かんでいる雲を映していた。一方では河口湖の周りの山々が、その澄んだ水に映った麗わしい景色に魅せられて、湖を囲んで見つめていた。どの方向を見てもすばらしい景観であった。目の下に横たわっているのは、日本地図の大きな模型のようだった。大きな山はもぐら塚にしか見えず、山脈も畔《あぜ》のようにしか見えなかった。その向こうに広がる地平線はこの高さから見ると、空の半分を占めているように見えた。駿河《するが》湾《わん》が白く縁取りされて見えるのは、昨日までの嵐の名残で、高波が岸に寄せては砕けているからであった。山頂を巡って歩いていくと、日本でも最も美しいといわれる西《にし》の湖《うみ》、精進湖《しょうじこ》、本栖《もとす》湖《こ》の三つが視界に入ってきた。その先に、富士川の急流が大地を裂くようにして流れ、河口の三角州で何本もの流れに分かれて海に注いでいた。裾野を覆っている森林はよく伸びた芝生のようだったが、夏場の大雨で山から流れ出した奔流のために、大きな割れ目が何本もできていた。西方五十マイルに眠ったように横たわっている信州

富士山頂から見た三日月の形をした山中湖

の大きな山々は、日本の中央を横切る堅固な砦《とりで》であり、その高峰はほとんど雲の中に隠れていた。我々が今立っている富士の山頂は、これらのあらゆる美しい景色に囲まれ、暖かい日差しを浴びて、優しいそよ風に吹かれながら、天に届かんばかりに聳えていた。

富士の山頂を一周する道には興味深い場所がたくさんある。剣ケ峰の近くに「親知らず、子知らず」という名の険しい崖がある。その近くの山の斜面を抉《えぐ》っている溶岩の崩れ落ちた大きな谷は大沢《おおさわ》として知られている。この切り立った割れ目は、目の届くかぎり山肌を抉って下り、裾野まで達しているように見える。それから道は、昔、富士の火口の中で火が激しく燃えたぎっていた証拠が、はっきり残っている地域に通じている。火に焼けて縞目《しまめ》がつき、あらゆる色に染まった巨大な溶岩の壁が、百フィートを超える高さで、山の端から身を乗り出すように突き立っているので、それが崩れ落ちてきて、下のものを全部押《お》し潰《つぶ》してしまうのではないかと、一瞬ひやりとさせられる。この溶岩の山は、雷《らい》が岩《いわ》、釈迦割石《しゃかわりいし》、釈迦《しゃか》が岳《たけ》（富士山第二の高峰）などの名前がついて、その名前はそれぞれの場所の恐ろしさや偉大さを表している。ここは昔、溶岩流が火口から流れ出した所で、およそ二十マイル流れ下って甲州の山につき当たり、谷間をせき止めて、現在山麓にある一連の湖ができたのだ。小さい方の火口を巡るよく踏みならされた道を辿ると、金明水があり、巡礼の小屋が並んでいる。阿弥陀岳《あみだだけ》という険しい峰の近くに、ばらばらの軽石や岩屑の間から水蒸気を吹き上げている場所があり、富士がまだ活動していることを示している。そこの火山灰の中に手を入れると、ほんの数秒しか我慢できないほどの熱さで、玉子を入れておけば十分で茹《ゆ》で上《あ》がる。東側に賽《さい》の河原《かわら》という場所がある。その近くで山中湖の写真を撮ろうとしていたとき、いつも私がカメラを構えると、必ず現れる雲が、山の斜面を上ってきて景色を隠してしまった。たっぷり一時間は待った後で、冗談のつもりで強力に向かって、「浅間さまへ行って雲がどくようにお祈りしてくれよ」と言った。その男はその言葉をまともに受けて、火口の縁へ駈け出していった。そして、女中を呼ぶときのように手を叩いて神を呼び出すと、お祈りをした。全く不思議なことに、雲がすぐに切れてきたのだ。強力は彼の願いがこんなに早く聞き届けられたことに喜んで、笑いながら駈け戻ってきた。夕暮れの大分前に山の周りは再び雲海に包まれたので、野中氏の小屋の近くで雲海に日が沈む光景を撮ることができた。ここに掲げたのが、このとき撮った山中湖の写真である。

私は富士の山頂で四日間過ごしたことになる。その大部分は決して快適ではなかったが、それから四年経った今、この文章を書いていると、そのときの美しい眺望と驚くべき現象が生き生きと心に甦《よみがえ》ってくる。そのとき私の目の前に展開された決して忘れることのできない数々のすばらしい光景に対して、私の払った代償はわずかなものに過ぎなかった。

翌朝、下山を前にして小屋の勘定を払いにいったとき、主人のことを疑ったのは大いに不当なことだったと分かった。請求額は極めて安く、その合計金額の少ないのに驚かされた。泊まり賃は一日当たり一円（二シリング）で、強力の食事のことを考えれば妥当な料金であり、布団の代金は一人当たりたった五十銭（一シリング）だった。だから、富士山頂で、いくらか辛い目に遭ったけれど、それに対して何の恨みも持たずに山を下ったわけである。ここに記録した登山のときは、迅速に山を降りたので、何も特に興味を惹くことはなかったが、その一年前のときの別な経験を書いてみたい。

一九〇三年九月四日に、御殿場口から三人の強力《ごうりき》を連れて、十時間かけて山頂に登り、翌日も快晴に恵まれて写真をたくさん撮った後で、十時四十五分に吉田口へ向けて帰路についた。御殿場口と違って、吉田口は傾斜がきつい。私は、同行した東京の若い日本人の画家と一緒に、どのくらい速く麓まで下れるか試してみようと思いついた。斜面をできるだけ速く駆け降りると、桁外《けたはず》れに大きい歩幅で進めるのが分かった。一歩ごとに軽石と岩屑の中に深く足が沈んだが、私は脚絆をつけていたので、何の支障もなかった。私の友人は、絶えず編み上げ靴を脱いで、小石を振って出さなければならなかったので、彼をかなり追い越してしまった。それでも私は靴の上につけていた草鞋を四足も履き潰したのである。

こうして一時間近くの間、私たちは険しい斜面を滑り下りて行ったが、時々勢いがつき過ぎて止まらなくなり、仰向《あおむ》けに倒れるか、斜面の隆起でスピードが鈍るかでないと、止まることができなかった。一跳びするごとに十数フィートは進み、砂が柔らかければさらに二フィートは進んだ。この聖なる山を下りるのに、こういうやり方はふさわしくないが、私たちは記録を破ろうとして一生懸命だったのだ。十二時十五分前に、森林限界のすぐ上にある中間の山小屋に着いたが、友人が着いたのはそれより十五分後だった。一時間で五千フィート下り、約九マイルの距離を降りたことになる。この距離を逆に上に登れば、八時間はかかるだろう。午後一時になってやっと強力たちが追いついた。

それまではすべてが順調だったが、ここから先で面倒が起こったのだ。目の下に見える山中湖は十二マイル離れていたが、すぐ近くに見えたし、それにとても美しかったので、私はそこでそのとき、吉田へ下るのを止めて、直接山中湖へ下りようと決心した。山小屋の主人と強力は、それを聞くとすぐに、そんなことはとてもできないし、ここからその方向へ下ったのを聞いたことがない。それは非常に危険だし、第一、道がないと口々に言った。私は彼らの反対を押し切って、道がなければ探せばよい、東に進んでまっすぐ下るだけで極く簡単なことだと言った。そのときは湖はすぐ下に見えるし、簡単なことに思えたのだ。

一時半に小屋を出て、中道巡りの道を二マイルばかり進むと、深い凹地《くぼち》に出た。ここを下っていけば、平野までまっすぐつながっている谷間に出るだろうから、下るには適当な場所だと思った。それはごくやさしそうに見えたので、湖に五時までに着けるだろうと皆に言った。しかし、強力は違う意見で、森の中に入ったら、それを抜けるのは非常に難しいことになると言うのだった。凹地はますます深くなり、足の下には小石がほとんどなくなって、ごつごつした裸の溶岩だけなので、ひどく歩きにくくなった。凹地は水の涸れた谷間となり、さらに一時間もすると深い峡谷となって、両側の崖は百フィート以上の高さになった。遠くから見ると滑らかで均整のとれたこの山肌を、年月がどれほど浸食したか知っている人は少ないだろう。谷底は荒れて歩きにくく、遅々として進まなかったが、ついに優に六十フィートはある絶壁の上に出た。雨が降れば、きっとここには見事な滝が懸かるに違いない。そこを下りることも迂回《うかい》することもできなかったので、かなりの距離を引き返して崖の頂上へ出た。それはかなり辛い道で、そこに着いたときにはもう五時になっていた。私が湖に着くと思っていた時刻だ。

崖の縁に沿ってやっと進んでいったが、藪《やぶ》がひどくなって、それ以上進めなくなった。やむなく林の中に入ったが、強力《ごうりき》が予言したとおり、そこを進むのは大変なことだった。三時間悪戦苦闘をして、降り出した雨の中をやっと森から抜け出したときにはもう八時になっていた。運よく提灯を三つ持っていたので、それを頼りに荒野を歩き出した。ところが、荒野は林の中よりもっと始末が悪く、野ばらや長い刺のある灌木《かんぼく》が密生しているので、衣服が引き裂かれ、体中引《ひ》っ掻《か》かれた。その上、噴火で落ちた小さな岩が一面にごろごろしているので、足を痛めやすかった。悪いことは重なるもので、先ほどから黒い雲が出ていた空から、雷を伴った大雨が降ってきた。たちまち皆、肌までびしょ濡れになったが、幸いカメラや乾板は油紙によく包んで防水してあったので無事だった。ところが、藪の中をつまずきながら歩いていた私は、濡れた岩に足を滑らせて転倒し、足首をひどく捻挫《ねんざ》してしまった。これで私の苦難は最高点に達した。それからは一足歩くごとにひどく痛むので、杖を突きながら片足を引きずって進まなければならなくなった。

月はほとんど満月だったが、厚い雷雲がすっぽり覆っていたので、一ヤード先も見えないほどの暗さだった。もし提灯がなければひどく惨めな状態だったであろう。稲妻の光が時々行く手の荒野や湖を照らし出す中を、さらに三時間奮闘して、やっと吉田へ通じる道へ出たときには、十一時になっていた。私は疲れ切ってもう一歩も進めなかった。十時間も飲まず食わずで歩き通した上に、挫《くじ》いた足首がひどく痛んだのだ。油紙にくるまって、道端の草の上に腰を下ろし、山中の村へ行って、馬を探して連れてきてくれと仲間に頼んだ。彼らは幸いにも馬車を見つけて、三十分後に戻ってきたので、一同はそれに乗り込んで、真夜中に吉田の宿屋に着いた。

我々が到着すると、宿中の者が起きてきて、強力が今日の冒険を語るのを熱心に聞き入った。宿の主人は、自分は吉田に五十年も住んでいるが、そんな場所を通って山から下りようとした者の話は一度も聞いたことがないと、優しく諭すような口調で私に言った。彼が私にひどく同情したのは確かだが、そんな馬鹿げた計画を主張した私の正気を疑うそぶりだった。腫《は》れ上《あ》がった足首を宿のお内儀《かみ》に丁寧にマッサージしてもらいながら、先ほどまでの苦労のことを思い返してみると、この老人の言葉が、深く胸に滲《し》みるのであった。そして、今後富士を再び下りることがあれば、決して道を踏み外したりせずに、正規の下山路を下りようと心に誓ったのである。

第八章　日本の婦人について

日本を旅行するときに一番すばらしいことだと思うのは、何かにつけて婦人たちの優しい手助けなしには一日たりとも過ごせないことである。

中国やインドを旅行すると、何ヵ月も婦人と言葉を交わす機会のないことがある。それは、これらの国では召し使いが全部男で、女性が外国人の生活に関与することは全くないからだ。しかし、日本ではそうでない。これははるかに楽しいことである。日本では婦人たちが大きな力を持っていて、彼女たちの世界は広い分野に及んでいる。家庭は婦人の領域であり、宿屋でも同様である。優しい声をした可愛らしい女中たちが客の希望をすべて満たしてくれるので、宿屋に着いてから出発するまでの間に、いつの間にか貴方《あなた》にとって彼女たちの存在がなくてはならないものに感じるようになる。日本の宿屋に滞在することには、最初何かはっきり言い表せないような魅力がある。それが魅惑的だということだけは分かるが、何故そうなのか貴方は深く考えてみようとはしない。貴方をそれほど喜ばせるのは、どれほど快適かという問題では決してないし、食事が特に口に合うからでもない。それなのに貴方は外国式のホテルの代わりに、日本風の旅館に泊まりたがるのである。何故だろうか？　もし

手紙を書く女性

自分自身にそう問いかけてみれば、答えは簡単に出てくるだろう。それは日本の家へ一歩踏み入れれば、そこに婦人たちの優雅な支配力が感じられるからである。日本にはあらゆる美しさが備わっているが、もしも貴方を世話して寛《くつろ》がせ、どんな用でも足してくれる優しく明るい小柄な婦人たちがいなければ、魅力ある行楽向きの国とはならなかったであろう。彼女たちはいつも笑顔を絶やさず、外国人の客の要求がどんな不合理なことであっても、朝であろうが、夜であろうが、いつでも客の言いつけを喜んでしてくれるのだ。

過去に婦人の地位がどうであったにせよ、また現在それがどうなっているにせよ、宿屋以外の所で——家庭でと言えないのは、私が日本の家庭生活の経験がないためで、この点で宿屋での生活とどれほど違いがあるかどうかは分からないが——、家の中で婦人の演ずる役割について、人々の見解が分かれることはない。彼女は独裁者だが、大変利口な独裁者である。彼女は自分が実際に支配しているように見えないところまで支配しているが、それを極めて巧妙に行っているので、夫は自分が手綱を握っていると思っている。そして、可愛らしい妻が実際にはしっかり方向を定めていて、彼女が導くままに従っているだけなのを知らないのだ。

婦人は家の中で卓越した存在であるだけでなく、日本の社会や産業においても急速に極めて重要な存在となりつつある。そして、過去の日本において、男子と婦人の相対的地位がどうであったにせよ、いろいろな職業で婦人たちが男子と完全に匹敵することが実証されているので、近い将来にほとんどの他の国と同じように、男子と婦人とは同等の立場に立つことになるだろう。今でも東京の大きな商店ならどこでも女子の店員がいるし、郵便局の女子事務員、電話局の女子交換手、駅の女子切符売りなどが見られる。

日本の少女は、家の中で綺麗《きれい》な飾り物になっているだけではもはや満足していない。若い婦人の解放は飛躍的な進歩を遂げた。彼女が現在期待し享受している自由は、その祖母が自分が十代だった頃のことを思うと、ひどくショックを受けるにちがいないほどの自由であ

美しい日本の女中さん

る。毎日学校で行われる健康的な体育訓練によって、現代の少女の体格は全体的に大きく変化した。すでに彼女は母親よりも大きくなり、重くなり、手足が長くなった。彼女に必要なのは新鮮な空気と田園の散歩である。付き添いもなしで学校に行く習慣によって、自立心が養成され、人目も惹《ひ》かずからかわれることもなしに、自由に通りを歩くことができるようになった。

年取った人の目から見ると、この変化は全く芳しくないこととして映る。それはラフカディオ・ハーンが「この世で最も気立ての優しい女性」と書いた、あの女らしい魅力が失われかけているというのだ。アメリカ式の学校訓練に危惧《きぐ》を抱く日本の友人は、これまで日本の少女の主な魅力であった素直さが、一昔前に比べて現代の少女には薄れてきたという。現代の進歩的思想や高等教育が徐々に家族の輪の中まで侵入してきて、何世紀もの間、日本の道徳の土台になってきた孔子《こうし》の教えを侵食し始めている。明日の日本の少女は恐らく自分をその兄弟と同等に考え、何ら臆《おく》することなく自分の意見を主張するようになるだろう。しかし、戦争のとき日本の婦人たちが、国家のために男子に決してひけをとらないほどの重要な奉仕をしたことを、全世界に示すことができた時代となったにもかかわらず、日本の婦人たちが選挙権を要求して騒ぐようになるのは、ずっと先のことではあるまいか。

日本の少女が近代的な教育方法の下で、控え目な態度をいくらか失ったとはいえ、女性としての優雅さと愛嬌《あいきょう》まで失うことは決してあり得ないだろう。それはどんな新しい教育方法

絵本を見る少女

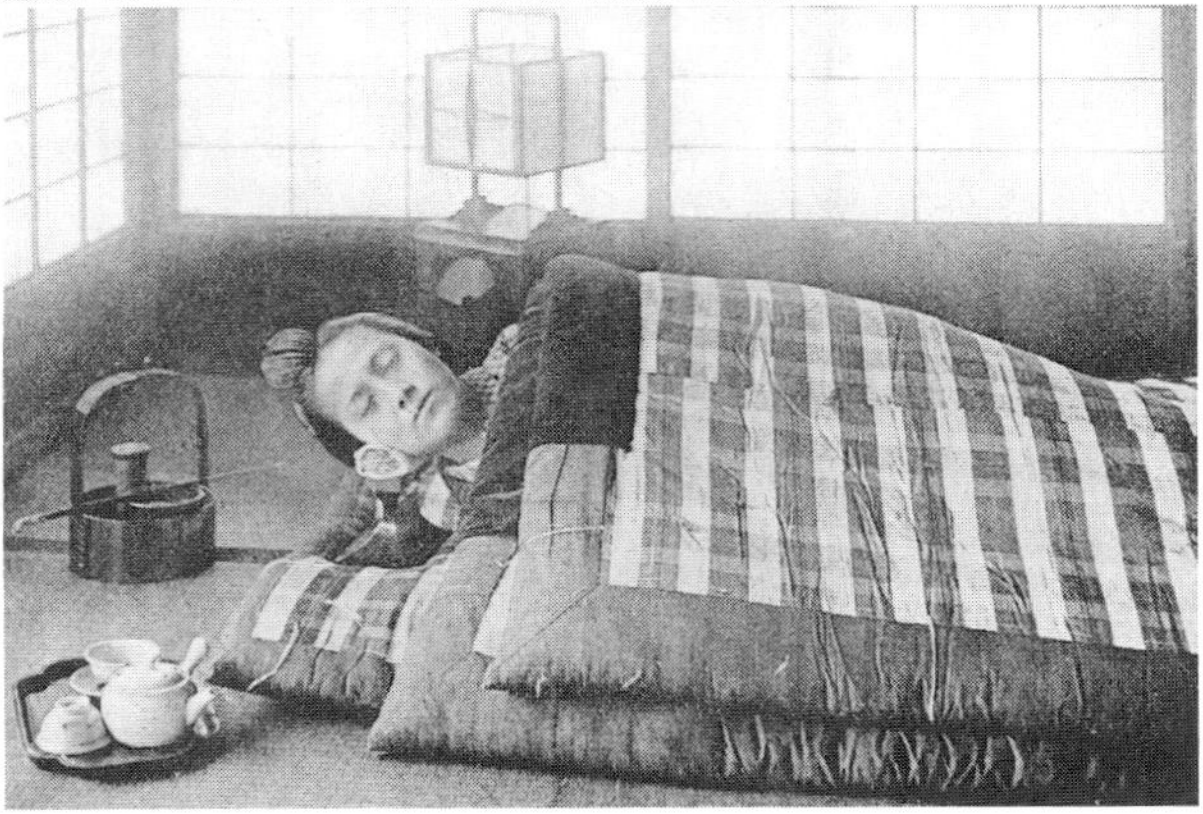

〔上〕日本髪を整える女性〔下〕日本の就寝の光景

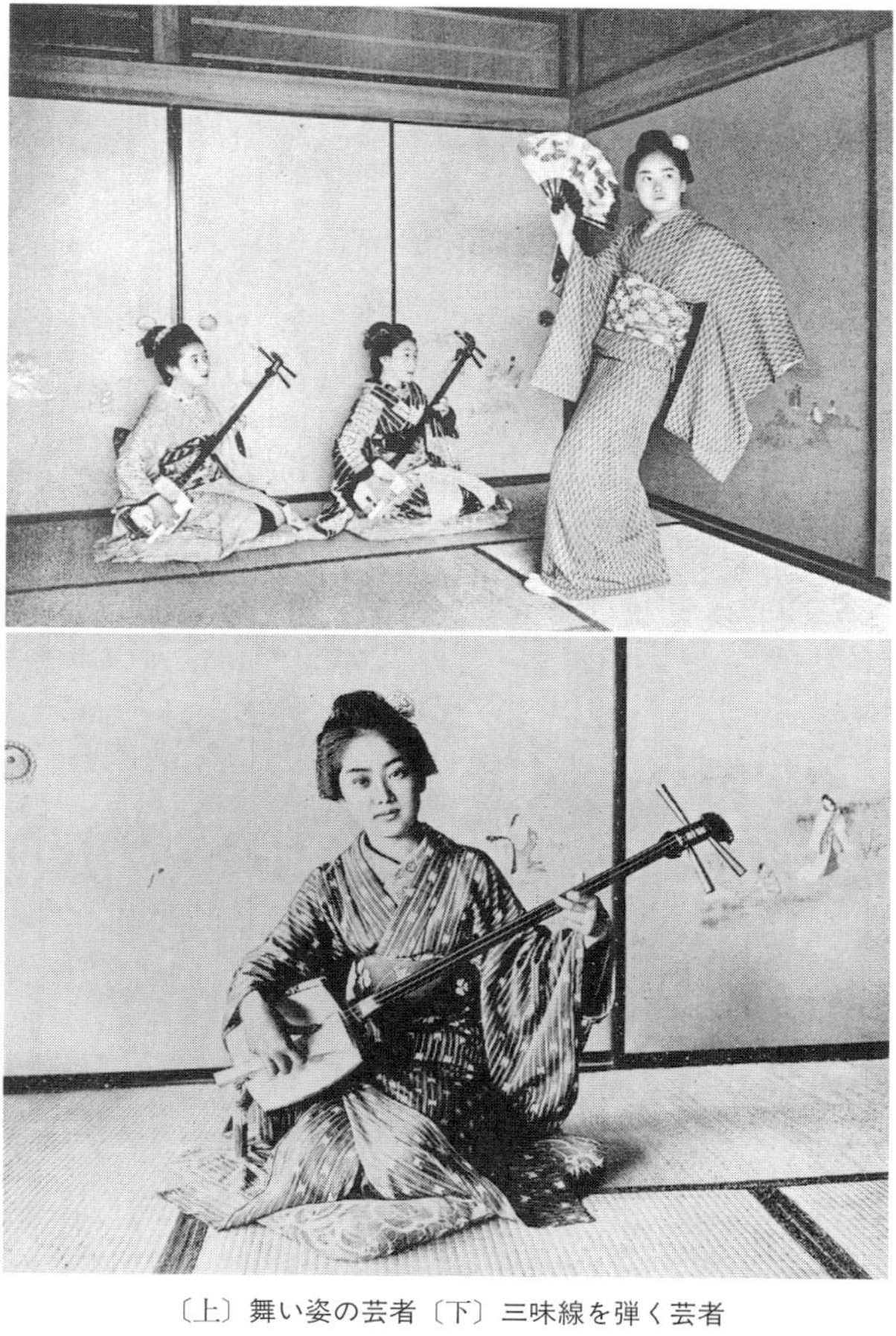

〔上〕舞い姿の芸者〔下〕三味線を弾く芸者

立ち姿の芸者

が導入されても、彼女たちがこれらの特徴を身につけることのできた修練が、今後も日本の少女たちの訓練から除外されることは決してあり得ないからである。

今日でさえも、日本の主婦が夫の尊敬と愛情を受けながら、家庭で保っている地位がほとんど理解されていない。その理由は、これについて誤った情報があまりにも多く流布されているため、夫の協力者として世界でも愛すべき存在である彼女たちについて、完全に間違った印象が広まっているからである。日本の家庭は近づいて親密になるには最も難しいものの一つである。それにもかかわらず日本を駈け足で旅行した大抵の世界漫遊家は、家庭で采配《さいはい》を振るう優雅な既婚婦人についての権威だと自任して、多くの者が恐らく会ったこともないこの国の慎み深い婦人たちを、首都や開港地にいるある種の女性たちと同列におくという、許しがたい致命的な誤りを犯しているのだ。

日本の女性社会では身分の低いほうに属する給仕女や宿屋の女中でさえも、ひどい中傷を受け、彼女たちが一度もなったことがないある種の女性と思われてきた。何故なら彼女たちの可愛い魅力的な仕種《しぐさ》が、習慣が全く違う国から来た、言葉の分からない人々に誤解されたからである。チェンバレン教授は次のように言っている。「我々の恐れるのは、多くの外国人が厄介事や迷惑を引き起こすだけでなく、彼らの礼儀作法を無視したやり方、特に日本の婦人に対する無礼な態度が憤慨の原因になっている事実である。彼女たちの愛嬌のよい態度や無邪気なそぶりを、彼らは誤解しているのだ。ちゃんとした日本の宿屋の女中には、家庭

での同様な地位の少女たちが受けるのと同じ敬意をもって接しなければならない」

日本の婦人の中でも外国人に一番誤解されているのは芸者である。ヨーロッパには芸者と同じものがない。芸者は日本独特のもので、日本人の純粋な創作である。日本の事情に通じていない英国人の間で芸者の名を口にすると、そわそわした様子といわくありげな笑いを誘うことになる。何故芸者がこれほど誤解されているのか、答えるのは難しい。その上、ヨーロッパの貴婦人たちが日本の着物を着たり、「日本の芸者」を真似て着飾ったりするとき、必ずといってよいほど明らかな間違いを犯しているのは何故なのか、不思議に思うことがしばしばある。すなわち、手の込んだ刺《し》繡《しゅう》を施した着物を着て、髪に長いピンをたくさん差し、帯を前で結んでいるのだが、つまりその姿は芸者にも貴婦人にも似ていないで、吉原《よしわら》の公娼《こうしょう》そっくりなのである。日本の貴婦人も芸者も刺繡した着物を着な

鵜飼いによる漁

いし、髪に後光のような形で長いピンを差したりはしない。それに帯を前で結ぶことは決してないのだ。彼女は子供の頃から音楽、舞踊、歌、語り、会話、当意即妙の受け答えなど、あらゆる芸者としての訓練を受けている。日本式の晩餐《ばんさん》では、芸者が侍《はべ》らない席はない。お客一人につき、芸者一人というのが普通である。芸者の役目はお客が一瞬たりとも退屈しないように気をつけていること、酒の徳利《とっくり》を手にして、お客の盃《さかずき》が一瞬でも空にならないように見張っていること、食事中の適当な合間に、音楽や踊りで宴席に活気を添えることなどである。日本の高級な宴会に比べると、ヨーロッパの伝統的な宴会は、これ以上ないほど固苦しい退屈な宴会である。

　このほかにも、芸者は舟遊びや物見遊山のときに、なくてはならぬ存在である。例えば東京の隅田川《すみだがわ》の川開きとか、岐阜《ぎふ》の鵜飼《うが》いを見に行くときとか、浮かれ騒ぎをしようとする行楽客の団体が、芸者をお伴に連れないで行くことは夢にも考えられない。陽気な仲間が二、三人集まって、どこかの料亭で一席設けて楽しく過ごそうというときは、必ず芸者が呼ばれて三味線を弾いたり、軽口や歌で席を活気づける。彼女の占めている特殊な社会的地位を別にすれば、芸者はただの女性で

唐紙の前で

あり、世界のどこにでもいる他の同性より強くもないし、弱くもなく、同じ誘惑に曝《さら》されているのである。

長崎の娼婦《しょうふ》と過ごした生活を物語にして一巻の本を書いたあるフランスの作家は、世界の人々から見た日本の婦人のイメージをひどく傷つけた。しかし、他の作家も、本の中で日本の婦人に中国訛り《ピジョン・イングリッシュ》の英語を喋《しゃべ》らせるという、多少程度は軽いが、同じような誤りを犯しているのである。日本の婦人はたどたどしい英語を喋るが、決して中国訛《なま》りの英語は喋らない。彼女はveryをvellyとは言わないし、likeをlikeeとは言わずにrikeと言う。中国人は英語を話すとき、rをlと置き換えるが、日本人はそうしない。それは日本語のアルファベットにはlという字がないからで、それに反しrは一番頻繁に使われる音《おん》の一つである。だから、日本人は馴染みの薄いlという音を覚えるまでは、英語のlをすべてrに発音してしまうのだ。

その上、日本の婦人は英語の動詞の語尾にeeを付けたりしない。彼女は"talkee" "walkee" "thinkee" "speakee" などと言わない。彼女は中国の港で使われるような訛り言葉を決して使わないのだ。文法は間違っているかもしれないが、話し方はとても可愛らしい。現在はどこの学校でも英語を教えており、教え方は正確である。だから、こんな訳の分からない言葉が日本の婦人の会話の見本として出てくると、一体その著者がほんとうに日本に来たことがあるのかどうか、疑いたくなるのも無理はないだろう。

この優雅な日本の婦人たちが、産着《うぶぎ》を着たときから経帷子《きょうかたびら》に包まれるまで、すなわち可愛い子供が明朗な少女になり、やがて花も恥じらう美しい乙女となり、さらに母親になればなお一層優しく愛らしくなって、家族を守り育てて、いつの日か祖母として家族一同から敬愛される、その一生の過程を知りたいと思う者は、すぐに本屋に行って、A・M・ベイコン嬢の『日本の少女と婦人』という本を注文することをお勧めする。何故なら、この楽しい本には、日出ずる国の家庭生活についても、おもしろい記述がいろいろ載っているので、それを読めばこの国を旅行して見聞するよりも、日本の婦人のことをはるかに詳しく知ることができるだろう。

ベイコン嬢は二度とないような機会を得たのであり、しかもそれを最大限に利用するのに十分な能力を備えていた。彼女の著書は今や古典となっている。というのは、同じような機会はもう二度と来ないからだ。日本は急速に変わりつつあるので、明日の日本の少女は、ベイコン嬢が書いた昨日の少女とは全く違う人間になっているのだろう。

はるばる日本を訪れる旅人は、日本人の家庭の生活を、開放された状態で見られることを期待してはいけない。英国を訪れる日本人は、ちゃんとした紹介状を持っていれば、新しい知り合いの一家団欒《だんらん》の中に迎えられて、打ち解けたもてなしを受けることだろう。そして、一家中のすべての者が遠来の客を喜ばせようとあらゆる努力をする。そういう訪問が一わたり済むと、東方の国からの旅行者は英国の婦人の家庭生活について、帰国してから一文を草する資格十分となるだろう。

しかし、紹介状を持って日本人を訪ねてきた西洋人の場合は全く異なる。期待できるのは大抵どこかのクラブへ招かれるだけで、恐らく芸者の踊りを余興にした日本式の晩餐会が、例えば芝の紅葉館で開かれるだろう。例外として主人側の屋敷や庭を見に招かれることがあるかもしれない。その場合、夫人や令嬢が顔を見せるのはさらに例外的なことに属する。し

夕涼みをする婦人

かし、主人側の屋敷に滞在するよう勧められて、しばらくの間でも家族の一員のように暮らすなどということは、万が一にもないだろう。だから、日本で生活を送っている外国人居住者でさえも、日本の家庭婦人をごく稀《まれ》に何度か幸運にも垣間見た印象でしか評価できないことを認めているのに、通りすがりの世界漫遊家が日本の婦人の真の全貌《ぜんぼう》をつかもうとすることが、果たして期待できるだろうか。

私が最後に日本を訪れたのは、日露戦争のとき雑誌の特派員としてだったが、その任務の性質上、何人かの日本の上流婦人に会う光栄に浴した。それによって日本の婦人の性質のある一面を認識するという大変な幸運に恵まれたのである。その時まで、世界中の人は日本の婦人がそういう面をもっていることは考えもしなかった。その時見た事実によって、私が日本の婦人に対して抱くようになった尊敬の念は、今後もずっと変わらないだろう。彼女たちが身をもって示してくれたのは、男たちが女性の長所として高く評価しているあらゆる資質である。日本の婦人は賢く、強く、自立心があり、しかも優しく、憐《あわ》れみ深く、親切で、言い換えれば、寛容と優しさと慈悲心を備えた救いの女神そのものである。

この小文の限られた紙数では、これらの婦人たちの雄々しいと同時に最も女らしい振る舞いについて、そのごく一部しかお伝えできないが、日本の婦人を知らない人々が一般に思っているように、彼女たちは「美しい蝶《ちょう》」ではなくて、それ以上のものであることを書いてみたいと思っている。

俄雨に傘をさす女性

藤の花を楽しむ女性たち

前線に行く許可を日本で待っていた間に、私は悲しい光景を何度か目撃した。戦場へ行く船に乗り込む前に、兵隊が妻や母親に最後の別れを告げる場面を数多く見たが、そこで、彼らが涙を流しているのを見たことがない。逆に笑顔を見たことは何度もある。というのは、日本では笑顔は心の中の苦しさを隠す仮面となっているからだ。婦人たちの表情は毅然《きぜん》として少しも気落ちしていないように見えたが、こんなに可愛らしく心優しい人々にとって、それだけうわべを装うのはかなり難しいことであったにちがいない。別れるときは抱擁をしないでお辞儀を何度も繰り返し、優しい声で何回もサヨナラを言った。別れが終わって、妻と母親が背を向けて主人のいない家へ帰って行くとき、彼女たちの胸の奥深く潜む不安と心配を知りたいと思っても、その外観からはそれを窺わせるものを何一つ見出すことはできないだろう。何故なら彼女の顔は、死を覚悟しながら笑みを浮かべて出征していった夫の顔と同じように、何世紀もの間、感情を抑制することに慣らされてきた民族に独特の偽りの仮面だからである。

しかし、日本の婦人たちのすべてがスパルタ人というわけではないから、時には涙を流すのを見たことがある。こういう場合に、高い教育を受けた者に比して、より貧しい人々のほうが、自分を常に抑制するのが難しいようだ。戦争中、外国の特派員は「日本の婦人は決して泣かない」としばしば書いたが、私は下層階級の婦人たちが夫と別れるとき、激しく泣いているのを見たことがある。上流の婦人たちと同じように、誰もが感情を抑え切ることはできないとしても、このように人間としての弱さが露呈されるのを見たのは、それほどたびたびのことではなかった。

軍隊が前線に向けて出発するとき、日本の婦人が自分を抑制した態度をとっていることについて、多くの外国人が誤解をしている。そのため、彼女たちは冷たく、同情に欠け、無関心だと言われてきた。しかし、これは事実とはるかに遊離した見方であって、本当は日本の婦人たちは女性の本能である同情や思いやりに溢《あふ》れているのだ。夫が出征する場合に自分を抑えることは、体面にかかわる重要なことなのである。しかし、私は、情のこもった行為を見て、日本人が涙ぐむのをたびたび見たことがある。劇場を埋めた大勢の婦人や子供が、男も含めて皆、巧みな演技で演じられた感動的な悲劇を見て、感涙にむせぶのを見たことがある。外国人の考えは間違っているのだ。日本の婦人の心は非情でも冷たくもない。それは同情と優しさと憐憫《れんびん》に溢れているのだ。

赤十字についてはいろいろな話を聞いていた。誰でも赤十字の話をするが、私は日本へ来るまでは、その本当の内容については知らなかったのだ。東京へ着いて間もなく、ある大きな部屋に案内されたが、そこには大勢の貴婦人がいた。彼女たちはいずれも上流の婦人たちであり、その多くは貴族階級に属していた。そこを統轄していたのは総司令官大山《おおやま》（巌《いわお》）侯爵の夫人であって、皆の中でも特に優雅で思いやり深い婦人であった。彼女たちは、何ヵ月も毎日のように朝から晩まで働いて、厳しい冬に備えて満州に送るため、自分たちの美しい

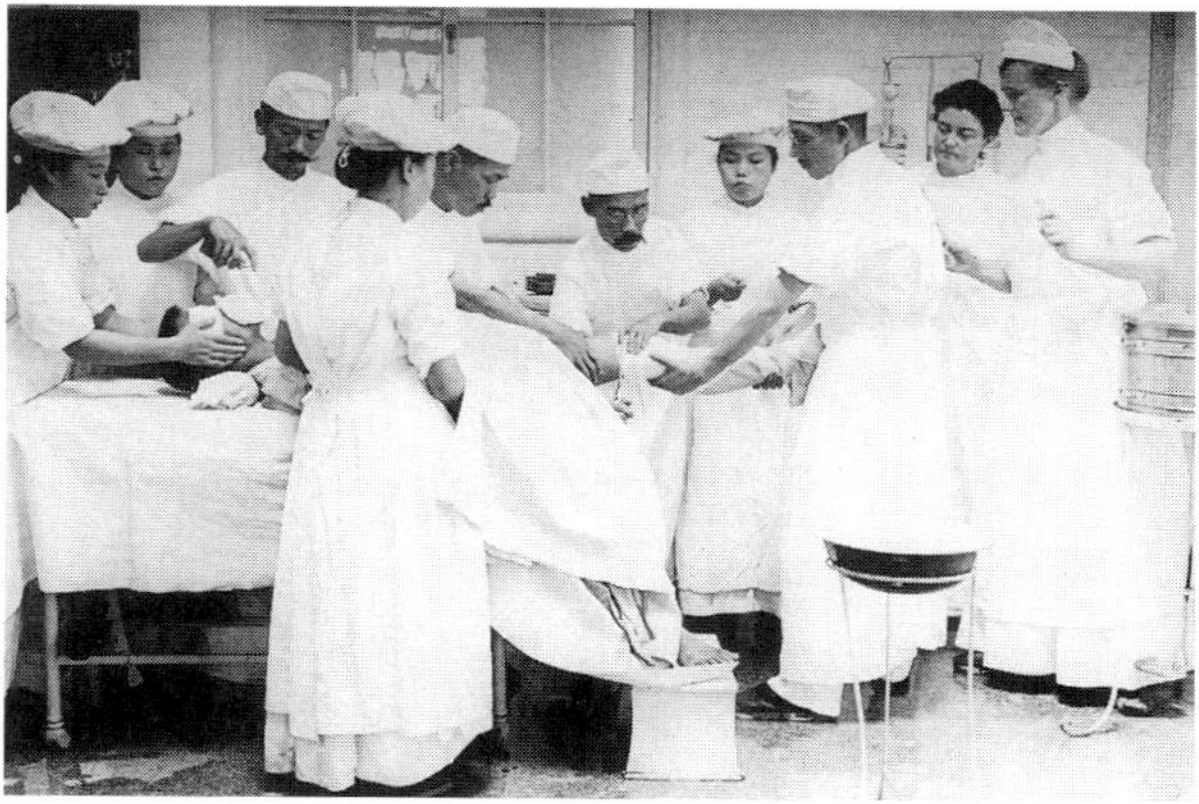

病院で働く看護婦

手で暖かい毛織りやフランネルの衣類を作っていたのである。日本全国にこのような集まりがたくさんあって、毎日皆がそこで働いていた。何か役に立つことができないかと思っていない日本人は一人もいなかった。そして、一九〇四年（明治三十七年）の厳しい冬に快適な軍服を着込んだ兵隊は、半分凍えた兵隊の三倍も働いたのである。さらに婦人たちは針仕事以上のものにまで進出した。彼女たち自身の健気《けなげ》な意志で、病院の仕事に打ち込んだのである。アメリカからの看護婦の一隊がやって来たとき、日本の看護婦はすでに彼女たちに劣らない知識を身につけていた。

私は日本の赤十字社の活動を見たいと思って、広島の陸軍病院を訪問する許可を陸軍省からとりつけた。広島に到着して、初めて戦争の恐ろしさと、日本の取り組んでいる大変な仕事のことを、理解できるようになった。病院で過ごした何日かの間に、私は日本婦人についていろいろな事柄を学ぶことができたが、もしここに来なかったら、決してそれを知ることはできなかっただろう。というのは、ここの病院で、戦時に婦人がどれほど偉大で輝かしい役割を演じることができるかを、初めてこの目で見る機会があったからである。

私が泊まった宿屋は川に隣接していた。宿の露台が川の上へ張り出していたので、高潮になると澄んだ青い水が真下に見えた。部屋へ入るや否や、潮に乗って上ってきた一隻の艀《はしけ》が、その積み荷の内容で私の注意を惹いた。船頭のほかに、どの舟にも幾つかの人影が見えたが、それは一目見て明らかに兵隊たちだった。彼らは柔らかな赤い毛布の上に坐ったり、横になったりしていたが、ある者は体を曲げ、ある者は手足に包帯を巻いていた。またある者は青白い顔をし、ある者は苦痛に顔を歪《ゆが》めていた。彼らの軍服は風雨にさらされ、泥にまみれて、血痕《けつこん》が濃い染みになっていた。鮮やかな赤十字の印の付いた長い白衣を着た者も何人かいた。

急いで一マイルばかり川を遡《さかのぼ》った上陸地点へ行くと、そこは青い深みに向かってきらきら光る砂浜が傾斜している河岸だった。岸辺のこんもりした松の木蔭に、数人の人夫が担架を傍らにおいて待ち構えていた。間もなく最初の艀が見えてきて静かに砂浜に着いた。その艀には負傷した士官が四人乗っていたが、彼らは高価な犠牲を払ってやっと勝利を得た遼《りょう》陽《よう》の戦場からの最初の帰還兵であった。それに続いてたくさんの艀が士官や兵卒を乗せて到着した。傷がそれほどひどくない者は人夫の背に担がれて陸へ上がったが、その他の者は極めて注意深く扱われ、そっと担架の上に寝かされて、近くの病院の入り口に運ばれた。入り口には一人の将校が立っていて、負傷兵がその前を通ると、怪我の性質や程度に応じて、それぞれの病棟へ割り当てる仕事をしていた。

三週間近くの間、私は毎日の大半を、二万人以上の負傷兵が収容されているこの病院の方々の病棟で過ごした。その後、松山にあるロシア人捕虜のための病院で一週間過ごした後で、日本の看護婦こそまさに慈愛に溢れた救いの女神だと、心底から感じたのである。その優しい心遣い、病院の中を妖精《ようせい》のように素早く動き回る優雅な動作、病人の希望にすぐに応じられるような絶え間ない心配り、疲れを知らぬ気力と献身、その忍耐と熱意、患者に対する丁寧な態度、包帯を洗って交換する優しい介抱ぶり、こういったものすべてが、日本の婦人は世界のどこの婦人たちにも負けない女性としての最高の美徳に溢れていることを示している。彼女たちはかくも気高く、かくも誠意をこめて、義務と人間愛の要請に応えたのだ。

旅順《りょじゅん》の近くから帰ってきた負傷者も大勢いたが、その中には体が驚くほどひどく汚れている者がいた。彼らの話では遼東《りょうとう》の不毛の丘にはほとんど水がないので、四ヵ月以上も体を洗えなかったのだそうだ。今まで毎晩熱い風呂に入るのが習慣だった者にとって、これだけでも耐えがたい苦難だった。彼らの皮膚にこびりついた垢《あか》の層があまりにも厚くなっていたので、何度も熱い風呂に入って、鋭い縁のついた木片で何日も皮膚をこすらないと、手足が元どおりにならないほどだった。これらのかわいそうな兵士たちの何人かは、ひどい傷を受けていたばかりでなく、脚気《かつけ》にも罹《かか》っていた。そのためこれらの患者には、特に個人的な注意が必要であり、看護の婦人たちは何日もの間、優しく根気強く世話していた。

負傷兵が自分の傷に耐えている克己的な態度ほど、私が印象深く感じたものはない。彼らは全員明るく元気で、できるだけ早く前線に帰りたがっていた。しかし、いつも枕に顔を隠している兵隊が一人いて、決して話もせず笑いもしないのに気がついた。付き添っていた看護婦にわけを聞いてみると、満州の戦場で丘の上に野砲を据えるのを手伝っていたとき起きた事故で、腕にひどい傷を受けて、もう腕が使えなくなったのだそうだ。それで戦友が戦場での名誉の負傷を一生誇りにできるのに、彼だけが自分の負傷は少しも名誉なことではないと思っているのだ。私が彼に直接質問すると、こんな恥辱をこれからずっと背負っていくよりも、敵の手に倒れたほうがましだったと私に言った。どんな慰めにも耳を貸さず、彼の負傷は戦友と同じく名誉の負傷だといくら言っても、全く信じようとしなかった。

手術室で外科医が看護婦に手伝わせて手術するのを、許可を得て見学したことが時々あるが、傷口から包帯を取り除いたときのあまりのひどさに、血も凍るような思いをしたことがたびたびある。そのほかに、力尽きたかわいそうな英雄が息を引き取るとき、ベッドの傍らに立っていたことが何度かあるが、日本の兵隊が悲しみに負けて涙を流すのを一度も見たことがないし、意識のあるうちに呻《うめ》き声《ごえ》を出すのを聞いたことがない。

毎週のように陛下から使者がやって来て、患者一人一人に励ましの言葉をかけ、煙草その他を買うための少額の金を贈った。東京から来た高貴の婦人たちもたびたび病院を訪問し、方々の病棟を見舞って、病人たちを元気づけた。

ある日私は、回復期の患者を温泉に送って、そこで完全に回復させるための輸送列車を見ようと駅に出かけた。プラットフォームに立っていると、そこにロシア軍の捕虜を満載した列車が到着した。乗っていた捕虜の全員が戦争から解放された喜びで、大声で叫んだり歌を歌ったりしていた。中には小型の手風琴《アコーディオン》を鳴らしている者もいた。駅の構内全体に喧騒《けんそう》が満ち溢れた。ちょうどそのとき、反対の方角から別の列車が入って来た。それは日本の兵士を満載した列車で、兵士たちは前線に行く喜びで同じように歌を歌っていた。ロシア兵と日本兵はお互いの姿を見るや否や、どの窓からも五、六人が頭を突き出して、皆で歓呼の声を上げた。ロシア兵も日本兵と同じように懸命に万歳を叫んだ。列車が止まると日本兵は列車から飛び出して、不運（?）な捕虜のところへ駈け寄り、煙草や持っていたあらゆる食物を惜しみなく分かち与えた。一方、ロシア兵は親切な敵兵の手を固く握りしめ、その頰《ほお》にキスしようとする者さえいた。私が今まで目撃した中でも、最も人間味溢れた感動的な場面であった。

広島に滞在していた間に、そのほかにも何度か感動的な場面に出会った。その中でも一番深く感動させられたのは、日本の小学校の女生徒が主要病棟を訪れたときのことである。女の先生に引率された五十人ばかりの女生徒が、白い靴下を穿《は》いて病棟へ静かに入って来た。私はそこで気に入りの患者のベッドの傍らに坐っていたのだが、彼女たちは片側の患者に向かって数回丁寧にお辞儀をし、次に反対側の患者にも同じように数回礼をした。お辞儀に応えて体を動かせる者は礼を返したが、坐ることも立つこともできない者は、首をかしげるか手を上げて挨拶《あいさつ》に応えた。

それから、引率の先生の中で一番主だった婦人が、綺麗な優しい声で患者たちに静かに話を始めた。最初に日本が輝かしい勝利を得ることができたのは、皆様方のような大勢の勇敢な兵隊さんのお蔭であり、今日ここに皆様をお見舞いすることを特に許されたのは、大変名誉なことでございますと述べた。ここで先生の言葉に無言の賛同を示すかのように、五十人の可愛らしい頭が一斉に下がった。次いで先生は言葉を続けて、皆様がすぐによくなられて、もう一度戦えるようになることを願っておりますが、もし負傷がひどくて戦場へ戻れない方も、すでに戦争で立派な役割を果たされたわけで、そのことはいつまでも国の誉れとなるでしょうと結んだ。そこで女生徒は再び一斉に頭を下げた。

次に、先生は床に目を向けておとなしく立っていた少女たちの方を向いて、話を始めた。彼女はこの勇士たちの戦った大きな戦争の話を手短に語り、どうやって勝利を収めたか、またどんなに勇敢に彼らが義務を果たしたかを話してきかせた。そして、言葉を継いで、この勇士たちが名誉ある戦争の傷痕《きずあと》を体に残して帰ったら、両親がさぞ誇らしく思うだろうと述べた。女にとって最高の望みは日本のために戦う息子の母親になることです。だから、貴女方が大きくなって自分の息子を持ったら、重傷を負ってここで寝ている兵隊さんのように、息子を陛下の勇敢で忠実な臣民に育て上げるようにして下さいと先生は言った。可愛い少女たちはここで再び無言の決意をこめてお辞儀をすると、左右のベッドに頭を下げて別れを告げ、次の病棟へ進んでいった。

私にとってこの出来事は、日本では子供を教育する良い機会を決して逃さないということを教えられた感動的な実例であった。この少女たちはその日に見たことを生涯忘れないだろう。そして、学校の先生の言葉は、幼い心にきっと深く刻みつけられたにちがいない。何年か経って少女たちが母親になるとき、これほど感銘深い雰囲気の中で、先生が静かな声で話して聞かせた戒めの言葉が、再び耳に響くことだろう。そして、彼女たちのまだ生まれていない息子は、母親がほんの小さな子供のときに聞いた言葉のお蔭で、きっと立派で勇敢な若者に育つだろう。

松山で、ロシア兵たちは優しい日本の看護婦に限りない称賛を捧《ささ》げた。寝たきりの患者が可愛らしい守護天使の動作の一つ一つを目で追うその様子は、明瞭《めいりょう》で単純な事実を物語っていた。何人かの勇士が病床を離れるまでに、彼を倒した弾丸よりもずっと深く、恋の矢が彼の胸に突き刺さっていたのである。

ロシア兵が先頃の戦争で経験したように、過去のすべての歴史において、敵と戦った兵士がこれほど親切で寛大な敵に巡り合ったことは一度もなかったであろう。それと同時に、どこの国の婦人でも、日本の婦人ほど気高く優しい役割を演じたことはなかったのではあるまいか。

広島は大抵の軍隊駐屯地と同じく、活気に満ちた都会であった。前にも述べたように私の宿屋は川に面していたが、川の両側には旅館や料亭やお茶屋などが並んでいた。澄んだ青い川面に夜の帳《とばり》が下りると、月の光に照らされた川岸の家々から三味線の音が流れ、物悲しい節の芸者の歌が夜風に乗ってむせぶように聞こえてくるのであった。

ある夜のこと、際立って美しい声が夜気を破るように聞こえてくると、あたりの三味線やその他の音が一つ一つ静まって、最後に聞こえるのはその声ただ一つになった。どの家も障子を明け放し、川の両側で飲んで騒いでいた連中も全部露台のところへ集まって、その声に耳を澄ました。というのは、その歌い手は日本でも有名な歌い手で、彼女の選んだ曲が壇《だん》ノ浦《うら》の物語であったからである。

あたりがすっかり静まり返ったことに励まされて、得意の芸を披露しようと、彼女はうっとりするような声で、悲しくも恐ろしい物語を歌い始めた。驚くほど甘美な口調で常盤御前《ときわごぜん》が母と子の助命を嘆願したくだりを語り、悲哀をこめた調子でこの名高い美女の受けた恥辱を語った。次いで悲壮な調子を次第に強めながら、母の破滅に対する頼朝《よりとも》の復讐《ふくしゅう》欲《よく》を歌い、偉大な源氏の指導者が平家一族を地上から抹殺しようとする決意を熱狂をこめて歌った。歴史に名を残すこの大きな戦いがどういう経過で戦われたかを語り、ついに平家一門が完全に絶滅され、女子供に至るまで一人残らず殺されたことを語った。この受難と死を歌った最後の数行の哀れさに自分でも感動して、彼女の声は一段と悲壮な調子を増し、ついに最高潮に達して、激しい嗚咽《おえつ》と変わった。露台の上の私の傍らに、数人の将校がこれを聴いていたが、そのうち何人かは目に涙を浮かべていた。

歌い手の優しい声が終わると、しばらくは彼女の嗚咽の声だけが、沈黙を破って聞こえていた。それから川の両側のあらゆる露台と窓から、嵐《あらし》のような喝采《かっさい》の声と声高な称賛の叫びが沸き起こった。

日本の婦人の真価を陸軍の将校が認識していた証拠を、私が満州の第一師団に従軍していた間に何度となく見たことがある。私が知り合いになったどの将校も、一番最初に私に尋ねるのは「日本の婦人のことをどう思いますか」という質問だった。次に述べる出来事は、軍の指導者がそれについて抱いている関心を示す役に立つだろう。

あるとき奉天《ほうてん》（現・瀋陽《しんよう》）で、総司令官と陸軍大将児玉《こだま》（源太郎《げんたろう》）男爵に敬意を表しに行ったが、児玉大将とは総司令部の外で出会った。前にも東京で会ったことがあるが、彼は立派な顔立ちをしていて、外見は日本人よりもむしろアメリカ人に似ていた。顔は日に焼けて濃いブロンズ色をしており、焦げ茶色の目は冗談を楽しみにして絶えず輝いていた。彼は機

日露戦争に従軍した時のポンティング

智に富んだ人物として特に有名で、大きな戦闘の真っ最中でさえも、冗談を言うのを止めなかったという話である。奉天で会ったとき、彼はすぐ私を自分の官舎に招き入れて、入り口に掛かっていたすだれをわきへ押しやると、奥を指差して、「ほら、君はあれをどう思いますか？」と日本語で言った。見るとそこには近代的な装いをした日本の少女を描いた大きな掛け物が掛かっていて、それはほとんど等身大であった。そこで女性の美しさについてかなりお目が高いようだと賛辞を呈すると、彼は嬉《うれ》しそうに笑ってこう言った。「ごらんのように、ここでこんな美人を見ているのでちっとも寂しくありませんよ。別嬪《べっぴん》さんですねえ」。そして、前よりももっと楽しそうに笑った。

彼の部屋には中国風の贅沢《ぜいたく》な家具が備えてあった。炕《カン》（石造りの暖房装置）の上に、満州の一部分を示す大きな地図が置いてあった。その地図はロシアから分捕ったものだそうだが、部隊の配備を示す木釘《きくぎ》で一面に印がつけてあった。しかし、一番私の注意を惹いたのは、背が高くほっそりした黒檀《こくたん》の中国式テーブルで、大体十インチ四方で三フィートの高さであったが、その上に私が今まで見た中でも最高に美しい人形が飾ってあった。その小さな人形は約十二インチの高さで、驚くほど真に迫って見えた。優美な藤色《ふじいろ》の着物を着て、豪華な金色の刺繍を施した帯を締め、宝石の入った可愛い帯留めから髪にさした簪《かんざし》に至るまで、日本の婦人が身につける服飾のすべてが細心の注意をもって製作されていた。それはまさに完全な縮小化された日本婦人で、最高の芸術品であった。「これは私のお守り《マスコット》です。だから、どこへ行くときでも一緒です。今までにも随分と幸運を授けてくれました」と日本陸軍の頭脳として知られているこの偉大な将軍は言った。これは児玉大将が祖国の婦人に寄せる賛辞であった。

彼の言葉を聞いたとき、現代史の上で最大の偉人の一人であるこの勇敢な将軍の心中の一端を窺《うかが》い知るという大きな特権に恵まれたことに感激した。そして、このとき私が思ったのは、騎士道の時代は他の国では終わったとしても、日本ではまだそれが生き残っているということだった。何故なら、昔の時代の騎士が出陣するとき記念として携えていったもので、彼の人形ほど美しく見事なものはなかったにちがいないからである。

このことがあって数日後に、私の前線での幕僚昼食会の席で、第一師団司令官の黒木《くろき》（為《ため》楨《もと》）陸軍大将の隣に坐った。黒木大将は昔のサムライの一人であったが、次に述べるエピソードは彼の勇敢な精神を作り出した原型についてある程度示してくれるだろう。

彼は英語を話さなかったが、会話は明敏なる通訳岡田《おかだ》大尉を介して行われ、一言話すたびにすぐに通訳された。

私は生かじりながら日本語をどうにか話すことができたので、一、二杯ワインを飲んでから、勇気を奮い起こして、大将に日本語で話しかけた。次のような簡単な文句なら話すことができたので、こう言った。「アナタサマ、英国ノコトバ、話シマスカ？」。それは極く簡単な素朴な質問であったが、黒木大将に与えた効果は電撃的であった。私の方へ向いて目を大きく見開き、額にしわを寄せてこう答えた。「英国ノ言葉話シマセン。アナタハ日本ノ言葉ヨクワカリマス。ソウジャアリマセンカ？」

私は実は日本語を少ししか知らないのですと答えて、黒木大将の出身地を聞くと、「薩摩《さつま》です」という答えが返ってきた。そこで私は薩摩は昔から多くの軍人を輩出したので有名な土地だと本で読んだことがあると言った。「では、日本の歴史を読んだことがあるのですね」と彼が言った。「ええ、少しばかり読みましたが、大変おもしろくて、我々の国に似たところがあると思いました。お国の封建時代が終わってからまだ五十年も経っていませんが、英国の封建時代は五百年も前のことです。それが一番大きな違いです」と私は答えた。

これを契機にして日本の歴史のいろいろな局面に話が及んだ。私は一八六三年（文久《ぶんきゅう》三

黒木陸軍大将（前列中央）と並んで写す

年）にキューパー提督の指揮する英国艦隊が鹿児島の砲台を砲撃した話を持ち出した。話の出だしの部分から後は、私の語学力では力が及ばなくなったので、岡田大尉が通訳として入り、少しの淀《よど》みもなく通訳してくれた。

これを聞いたときの大将の顔は見ものだった。彼は目を輝かしてこう答えた。「そうです。私はそのとき、そこにいたのです。まだ十八の若者でしたが、砲台のうちの一つで、手助けとして働いていました」

彼は私にこの話を始めると、大変興奮してそれに夢中になり、方々の砲台の位置を示すため、コップや皿やその他の手近にあった物を使って、テーブルの上に見取り図を作り始めた。一方、参謀将校たちは周囲を取り巻いて、それを見ていた。テーブルの上にあった大きな花瓶は桜島《さくらじま》になり、数個のワイングラスがキューパー提督の船の位置を示すために使われた。

彼の話は私がすでに読んで知っていたとおりで、その日はひどい嵐が吹き荒れたこと、何隻かの軍艦が鎖を切って海へ逃れたこと、旗艦で艦長と乗組員六十名が死傷したこと、英国艦隊は鹿児島の町に火をつけ、砲台を破壊するのに成功したが、日本側の大砲と嵐の猛威によって、それ以上の損害を蒙って引き上げたことなどであった。

長い間合いを置いて年老いた将軍は言葉を続けた。「あの頃は日本にとって暗い日々でした。国全体が分かれて闘争していたのです。その結果が一体どうなるか全く予想のつかない時代でした。周りを全部敵に取り囲まれているようで、しかも英国はその中で最も手強《てごわ》い相手と思えました。それから思えば今日は何という相違でしょう。英国は我が国の最も心温かい友人であり、我々に成功をもたらしたものの大部分は英国の教えによるものです。我々が経てきた試練が、単に鋼《はがね》を熱するための火に過ぎなかったのであって、その鋼が後になって起きたさまざまな事件で鍛え上げられたことまで、その当時予測することができたでしょうか?」

それはすばらしい演説で、話し振りも見事だった。〝鍛えられた鋼!〟まさしくそれは日本である。鋼を鍛えるには、真っ赤に焼けた鋼が鈍い紅《くれない》の輝きを放つようになると、一瞬の間冷たい水に浸《つ》けて、藁《わら》のような鮮やかな黄色になるまで置き、それからもう一度水に浸けるのだ。現在の日本はこうして鍛えられた鋼であり、こういう方法で作られた鋼は他の鋼よりもずっと強いのである。

古い薩摩のサムライが歴史の一頁から抜け出したかと思われたこのときほど、私の生涯で興味を覚えたことは数少ない。彼は目を輝かし、テーブルの上を指で差し示しながら、その日の出来事を私に語り聞かせた。その日こそ、英国の最悪の不法行為の一つが行われ、日本との初期の交際に最大の汚点を残した日であった。参謀将校たちも、私と同様に興味を持って話を聞いていたが、話が終わったときにその場を支配した沈黙は、全員がどれほど深く感動したかを示すものであった。

このすぐ後で、我々は日本の兵隊の持つ勝れた素質、すなわち困難を気にせず、忍耐強く、勇敢で、立派な成果を挙げた彼らの素質について討論を行った。

黒木大将は少し間をおいてこう言った。「日本の兵隊の挙げた業績について話すときに忘れてはいけないのは、これらの行為を成し遂げたのは決して日本の男子だけではないということです。もし我が国の兵隊がその母親から、義務と名誉のためにはすべてを犠牲にしなければならないという武士道の教育を受けなかったら、今日の成果を挙げることができなかったでしょう。日本の婦人は非常に優しく、おとなしく、そして謙虚で、これからも常にそうあってほしいものだと思います。また、それと同時に大変勇敢でもあり、我が国の兵隊の勇気は、大部分、小さいときにその母親から受けた教育の賜物《たまもの》です。一国の歴史の上で婦人の果たす役割は大きく、どこの国でも、もし婦人たちが、何にもまして勇敢で優しく謙虚でなければ、真に偉大な国民とは言えません。兵隊と同様に、日本の婦人は国に大きな貢献をしているのです」

老将軍が静かな声で、婦人の雄々しさを讃《たた》える言葉を聞いていたとき、私の心の中には日本で見たいろいろな光景が甦《よみがえ》ってきた。弾丸や大砲の破片でひどく傷ついた何百人という負傷兵が、毎日のように運ばれてきた、あの大きな広島の病院で過ごした日々のことが、目の前に浮かんできた。白衣を着た優しく愛らしい天使たちが、ベッドの並んでいる間を、音もなく飛び回っていた様子をまざまざと思い出した。彼女たちが、思いやりのある眼差しで優しい声をかけながら、驚くほど器用な指先で着物を脱がせたり着せたりして、病人を手早くしかも優しく世話している様子が目に浮かんだ。華奢《きやしや》な小柄な看護婦が、大変な手術が行われている間、じっと動かずに傍らに立っていたこと、そして彼女がベッドの横にひざまずいて、永遠の眠りにつこうとしている哀れな患者の額をそっとなでていたことを、まざまざと思い出した。そして、貴婦人たちの集まりで、前線の兵隊に送る暖かい衣服を毎日毎日一生懸命に縫っていた婦人たちの姿を思い出した。先生に引率されて病棟へ入ってきた小さな女生徒たちが、大きくなって母親になったら、自分たちの息子を重傷を負ってここに寝ている兵隊のように、勇敢で恐れを知らない若者に育て上げるようにという、先生の訓話に聞き入っていた姿が、目の前に浮かんできた。

私はこういう思い出を心の中にいろいろと思い浮かべていたが、最後に藤井《ふじい》（包総《かねすけ》）陸軍中将が黒木大将の言葉に付け加えて、誇らしげな調子でこう言った。「日本の婦人は世界一です。皆で乾杯しましょう」。私はラフカディオ・ハーンがこれと同じことを言っているのを再び思い出した。日本の婦人の真の姿とその能力をほんとうに知っている人なら、公平に見て、この世の中にこれ以上勝れた、これ以上忠実な、これ以上勇気のある婦人はいないと主張するにちがいない。そこで我々全員は、黒木大将の「日本婦人はこれからもそうあってほしいものです」という言葉に共鳴しつつ乾杯した。

ある日大磯《おおいそ》に今は故人となった伊藤《いとう》（博文《ひろぶみ》）侯爵を訪ねたことがある。侯爵が庭を案内してくれたときに、直接彼の口から、昔若い頃に友人の井上《いのうえ》（馨《かおる》）伯爵と、上海《シャンハイ》行きの英国船に乗り込んだときの話を聞いた。彼らは上海で船を乗り換えて、水夫として働きながら、新しい知識を得るべく英国へ渡ったのであった。二人がロンドンで勉学に勤《いそ》しんでいる間に、年ごとに強くなりつつあった外国人に対する反感がついに爆発した。その頃起きた事件の中でも、最も悲惨な事件は「リチャードソン事件」（生麦事件《なまむぎじけん》）として知られているが、この事件はこれに関与した外国人が、自分の馬鹿げた行動によって、自ら悲運を招いた責めを負うべき事件であったために、なお一層遺憾な出来事であった。この事件が、私が前に述べた一八六三年の鹿児島の砲撃の原因となったのである。

長州藩の藩士であった伊藤と井上は、これら一連の攘夷《じょうい》事件の第一報を聞くや否や、急いで祖国に向かった。しかし、帰国してみると、この二人の大胆な若者は仲間の藩士から裏切り者扱いにされて、どこへ行っても命を狙《ねら》われる始末であった。

あるとき井上は暗殺者に襲われて、瀕死《ひんし》の重傷を負ったが、運よく助かった。しかし、伊藤は無傷で逃れ、逃げ込んだ家にいた若い娘の機転と勇気のお蔭で命を助けられたのだ。娘は彼を床下の秘密の穴蔵に隠したが、そこへ入る唯一の入り口は、床に敷いた畳の下にある揚《あ》げ板《いた》の下にあった。畳を元どおりに直して彼女はその上に座った。暴漢が部屋に踏み込むとそこにいたのは平然として縫い物をしている娘だけであった。彼らは娘を厳しく問いつめたが、娘は彼らが追い求めているような男は見たこともないと答えた。家中くまなく探しても、狙った敵の影も形も見つからなかったので、暗殺者たちはほかを探しに行った。

当時はまだ一介のサムライに過ぎなかった伊藤侯爵と勇敢な娘とのこの出会いが、二人を結びつけたロマンスの始まりであり、それはその四十年後に再び暗殺者の手によって彼が倒れるまで続いたのであった。政治家としてすべての要職を歴任し、天皇の私的な相談役という最高の地位を占めたこの老政治家は、彼の命を救ってその生涯の伴侶《はんりょ》となった、気高く雄々しい夫人を私に紹介してくれたが、それは私に与えられた最高の厚遇の印であると信じて、その栄誉をありがたく謝したのである。

伊藤博文とその家族

戦争中に私が経験した思い出の中で一番懐かしく思い出されるものの一つは、上村《かみむら》（彦之丞《ひこのじょう》）海軍中将がウラジオストック艦隊を壊滅させた後で、東京へ戻ったときに、彼を訪問した思い出である。そのとき彼の夫人と、十二歳になる令嬢利子《としこ》さんに紹介される栄に浴し、一時間ほど火鉢の傍らに坐って、彼が海戦の模様を生き生きと語るのを聞いた。

その後で、彼は軍服に着替えて現れ、小さな娘の手を取っている姿をぜひ写真に撮ってほしいと言った。しばらく話をしてから、別れを告げようと立ち上がると、私の大の気に入りになった利子さんが、床の間に駈け寄って、そこに置いてあった花瓶から、造花の小枝を抜き出した。それを手にして駈け戻り、畳の上で可愛らしい頭を下げると、その花を受け取ってほしいと私に頼むのであった。彼女の父親が誇らしげに私に言った。「この子が自分でそれを作ったのですよ」

私はその花を今でも持っている。どんなことがあっても決して手放さないだろう。私が日本から持ち帰った物でこれ以上大切にしている物はない。何故ならその花は私にとって日本男子の中でも最も勇敢で最も勝れた人物の記念であり、日本の子供の中でも一番可愛い子供の記念であるからだ。

第九章　鎌倉と江ノ島

鎌倉は最初の将軍、源 頼朝《みなもとのよりとも》の創設した都である。頼朝は壇《だん》ノ浦《うら》の戦いで平家を滅ぼし、一一九二年征夷《せいい》大将軍に任ぜられ、鎌倉幕府を開いた。この時以来、朝廷の支配は名目的なものとなり、維新のときまで将軍が政治の実権を握ることになったのである。しかし、頼朝は平家を滅ぼすのに武功のあった腹違いの弟義経《よしつね》に世間の人気が集まるのを見て、その勢力が大きくなることを恐れ、義経の討伐を命じた。追いつめられた義経は奥州の衣川《ころもがわ》で自害した。

鎌倉はかつて国内で第一の都市で、二百五十年以上も将軍の都として栄えたが、現在ではありし日の偉大な姿の面影をわずかにとどめるに過ぎない。しかし、今でも昔の華やかさを証拠づけるような有名な寺社の建物が多く見られる。一時は百万を越すほどであった人口も、今は数百人に過ぎない。しかし、日本の都市の中で、鎌倉ほど感動的な記録を持つ都市は他にはない。何度も略奪に遭い、灰燼《かいじん》と帰したが、その中から立ち直った。津波によって完全に荒らされたのも一度ではなかった。このような災害を受けながらもこの都は生き延びてきたが、江戸が代わって将軍の都となり、繁栄し始めるにつれて、鎌倉はさびれて荒廃の一途を辿《たど》り、現在では小さな村より少し大きい程度に過ぎない。

鎌倉の第一の名所は八幡宮《はちまんぐう》である。これは一八二一年に再建されたもので、それ以前の建物はその七年前に起きた大火で焼失したのであった。八幡宮には応神《おうじん》天皇が軍神として祀《まつ》られている。神社は丘の中腹の一番眺めのよい場所に建てられ、海岸から一直線に神社の石段まで堂々とした古い松並木が続いているが、時の経過と嵐《あらし》によって、その中のかなり多くが倒れ朽ちて隙間をつくっていた。この並木道には立派な鳥居が三つ立っていて、その簡素ながらも威厳のある均整のとれた姿は荘重な美しさを見せており、境内の縁石で囲まれた蓮池《はすいけ》や橋や広い石の階段などの落ち着いたたたずまいと見事に調和していた。この日本の聖域への入り口を訪れた者が、神社そのものに行きつくよりずっと前に、このように気持ちが鎮まって深い感銘を受けざるを得ないような設計をしたのは、きっと優れた芸術家と建築家であったにちがいない。

鳥居や橋や蓮池を過ぎた突き当たりの大きな石段の下に樹齢千年を越すと伝えられる古い銀杏《いちょう》の大木がある。京都の西本願寺《にしほんがんじ》の銀杏と同じように大火のときに水を吹き出す力があるのかどうか言い伝えはないが、百年前の火事のとき神社の建物が焼けるままだったところをみると、多分そういう力はないのだろう。

日露戦争で旅順《りょじゅん》が陥落したというニュースが届いた翌日、戦勝に与《あずか》って力あったこの軍神を祀る神社を訪れたことがある。普段はほとんど人気《ひとけ》のない並木道や石段は大勢の人混みだ

鶴岡八幡宮の源平池の蓮

った。あらゆる階級の老若男女と子供たちが、応神の神が日本軍に与えてくれた勝利のお礼参りに、一斉にこの神社に参拝に来たのであった。私は一時間ほど群集を眺めていたが、それは全く感動的な光景であった。彼らは静かにお参りに来て、そして静かに去って行った。彼らの態度には意気揚々とした様子が全く見られなかった。それはこの勝利の瞬間にも、沈みきった強い不安の念が彼らの心を悩ませていたからである。彼らは、海を渡った外国で、天皇と御国のために命を懸《か》けて勇敢に戦った人々の父母であり、妻であり、兄弟であり、子供であった。しかし、戦闘で愛する人が戦死したかどうか、彼らの多くにはまだそれがよく分かっていなかったのだ。彼らの知っていたのは、その成功が非常に高い代償によって得られたことだけであった。この優しい妻たちや年老いた両親が、控え目な態度で心中は不安に苦しみながら、この軍神の神社に集まって、頭を下げて祈る光景を見て私は心が痛むのを感じた。

数ヵ月後、私は旅順の二百三高地に立っていた。戦いの傷跡も生々しく、砲弾で刳《えぐ》られた山の斜面を見下ろし、周囲の丘や谷間を見渡すと、目の届くかぎり一面に塹壕《ざんごう》が掘りめぐらされ、武器の残骸《ざんがい》が散らばっていた。港の中には四隻の大きな戦艦と、二隻の優美な巡洋艦と、何隻かの小艦艇《しょうかんてい》が艦の上部だけを波間に浮かべて沈んでいた。私の近くの長い塹壕は埋められていて、その両端に日本語で次のように簡単に書かれた柱が立ててあった。「日本の兵士百人をここに埋葬す」。そのすぐ近くに別の塹壕があり、立てた十字架に次のように書かれた札が釘《くぎ》で打ちつけられていた。「皇帝《ツァー》の忠誠なる兵士百人がここに眠る」。このような塹壕がほかに幾つもあり、埋められた死体から発する吐き気を催させるような悪臭があたりの空気に充満していた。

敵も味方も死ねば並んで葬られる。私が帽子を脱いでこの歴史的な地点に立ったとき、鎌倉の神社で目撃した光景を思い出して、胸のつまるような思いであった。あの可愛らしい妻たちは未亡人になり、優しい老人たちもたった一人の後継ぎで働き手であった息子を失ったのだ。数え切れないほどの多くの日本の家庭で、子を失った母、夫を奪われた未亡人、恋人を失った娘がじっと悲しみに堪えているありさまや、しわだらけの老婆と腰の曲がった老人が、家の神棚の前で苦しい思いで無言のまま頭を垂れている姿が、目に浮かんでくるのだった。彼らの心は悲しみに引き裂かれていたが、誇りに満ちていた。何故なら死や困難を恐れずに勇敢に戦った息子たちを育てたことは、彼らの誇りであ

神社の神官

ったからである。

日露戦争の間、日本の兵隊は戦死を熱望し、その妻や両親も彼が国のために死ぬことを願って送り出すのだという誇張された報道が数多く見られた。こういう記事は日本に初めて来たばかりの記者によって書かれたもので、彼らは日本人や日本語を全く理解せずに、この絵のように美しい国に感激のあまり、事実を歪曲《わいきょく》して描いたのである。日本人の間に何年も生活した経験がないかぎり、日本人の心の奥にあるものを理解することは誰にもできない。日本で生涯の大部分を過ごした多くの外国人でさえも、最初来たときに比べて、日本人の心をいくらか理解できるようになったと認める程度である。私は戦場や病院や家庭で、数多くの日本の兵隊や両親たちに会って話をしたが、自分が死にたいと思った兵隊は一人もいなかったし、息子や夫が戦死することを願うような非人間的な父親も母親も妻も一人としていなかった。

人生は日本の兵隊にとって他の人々と同じく甘美なものであり、このような地上の楽園に住んでいるのだから、他の多くの国々の人に比べて一層甘美な人生にちがいない。それ故、彼が人生をできるだけ長く生きたいと願うのは当然である。他の兵隊と同じく、彼もできるだけ多くの敵を殺したいと思うだろう。しかし、そのとき自分の体を傷つけずに、命を安全に守ろうとするのである。彼は決して死を恐れずに、敢えて死の危険を冒すこともあるだろう。しかし、自ら好んで死を招くことはしない。それは戦いを勝ちとるのは死んだものではなく、生きている者だということをよく知っていて、一瞬たりとも忘れないからだ。

昔、鎌倉には有名な鋳造師が多く住んでいたので、日本の立派な仏像の多くは彼らによってここで鋳造されたものである。大仏はその波瀾《はらん》に富んだ歴史の中で、多くの移り変わりを経てきたが、それが全部壊される最大の危機が訪れたのは、古い記念物に対する尊敬よりも商取引のほうに鋭い直覚力を持った、あるアメリカ人の旅行者が、坩堝《るつぼ》で溶かすための材料として三万ドルを出そうと申し出たときであった。この申し出は、ストーンヘンジ（英国のソールズベリー平原にある古代の石柱遺跡）を大西洋を越えて運ぼうという案よりも合理的ではあったが、幸い拒絶されたので、日本の最も偉大な芸術作品はかかる不名誉な最後を迎えることなく、後世の人々がそれを讃えて祈りを捧《ささ》げるべく残されたのであった。

大仏は過去と現在を結ぶ実質的な絆《きずな》であるが、マレーの『日本案内記』の中に記載されている日本人の測った寸法は相当誇張されている。日本について書いている人は誰もこの数字を疑わずにそのまま受け入れ、しばしばこれを引用している。しかし、写真によってざっと調べてみると、この案内書の数字が間違っていることが証明できる。それは五十フィートの距離から十六インチのレンズで写した写真なので歪《ゆが》みは全くない。膝《ひざ》から膝までの間隔は三十五フィート八インチと記されているが、これは正しい。高さは四十九フィート七インチと書いてあるが、実際は膝と膝の間隔とほとんど同じなのだ。頭部の長さの八フィート五インチは大体合っている。これは記されている高さの約六分の一に当たるが、写真がはっきり示すように、頭部は石の台座を含まない全体の高さのほぼ四分の一である。耳から耳までの顔の幅は十七フィート九インチと書かれているが、これは長さの二倍以上である。しかし、実際には幅と長さはほとんど同じなのだ。私は大仏を調査して高さを三十六フィートと測定したが、写真から調べてみてもこれは間違いない。日本人が測定し、マレーの『日本案内記』に記載された高さは、実に十四フィート近くも誇張されているのである。

大仏の眼は純金で、額の上の叡智《えいち》を表す突起は三十ポンドの銀で作られていると記されている。この記述は寸法の測定よりは信頼できるかもしれないが、そうでないかもしれない。しかし、ほとんど閉ざされた目蓋《まぶた》の狭い隙間からわずかに見える目は、体の他の部分と同じく濃い緑色のブロンズのように見える。

大仏が感銘を与えるのは、その大きさだけではなく、仏教の信仰の教えを象徴する、そのすばらしい容姿が我々を感動させるからである。姿の美しさは決してその表情の美しさに劣らないが、どんなカメラでもその表情を実物どおりにとらえることはできない。首を優しく傾けている姿には、何か無限の悲しみが籠《こ》められているようだが、その美しさを十分に味わうためには近くに立って顔を見上げなければならない。そうすれば大仏の静かで穏やかな表情に、はっきり現れている無限の憐《あわ》れみと心の平和と悟りによって、自分の心が鎮め和らげられるのを感じることができるだろう。

人間の建造物として東洋で私の心に何よりも強い印象を残したのは次の四つである。それ

鎌倉の大仏

はラングーンのシュエダゴン・パゴダと、インドのタジ・マハールと、中国の万里の長城と鎌倉の大仏である。

光るイラワジ川のほとりにあるシュエダゴンの先が細くなった金色の尖塔《せんとう》はトルコ石のような色の空に突き刺さるように聳《そび》え、強い香《こう》のかおりが漂う空気の中に、無数の小さな鐘の音《ね》が響くのを聞くとき、そしてまたビルマの可憐《かれん》な乙女たちが夕べの太陽が沈むときにひざまずいて手を鳴らすのを見るとき、そこには甘美な夢のような雰囲気が感じられる。タジ・マハールは大理石と貴石で造られた愛の物語の象徴で、インドの建物の中でも真珠と言うべきものだろう。それは偉大な王の愛情を映す鏡であり、夢の世界の王宮のようであった。万里の長城の前に立って、中国の不毛の丘と太陽の照りつける荒れ地を縫って、果てしなく曲がりくねる長城を眺めるとき、名状しがたい畏敬《いけい》の念を感じる。しかし、仏教徒の理想を見事に具現した大仏は、心の静穏と安定を微妙に表した気高い雰囲気を漂わせている。

これをデザインした芸術家の名前は分からないが、名人でなければこれほどの表現はできなかったにちがいない。その造形のすべての線が、像から発散される大いなる安息に役立っていた。しかし、仏は休息しているのではなかった。近くでよく見直してみると、ほとんど閉じたように見える目は用心深く見ており、態度も気楽にしているのではなくて、自分を抑制しているのであった。それは「限りなき光明の理想」である阿弥陀《あみだ》であり、落ち着いた静寂に包まれ、現世の欲望をすべて消滅させようと一心になっていた。

松並木を通って短い階段を上ったところにある柔らかい芝生と蓮池と蘇鉄《そてつ》の木の植わった美しい庭の中に仏像は坐していた。六世紀半の間、大仏は歳月による荒廃に耐えたが、この谷間にあった他のすべての物は破壊されてしまった。二度の津波は大仏を覆っていた大きな寺と鎌倉の町全部を海に押し流したが、大仏そのものは無傷に残った。これほど大きな鋳造物はもちろん一度でつくられたものではない。一二五二年に鋳造が始まったが、七つの部分に分けて作られ、それを互いに溶接して、鑿《のみ》で仕上げたものである。像を覆っていた寺の建物が後になって壊れたので、四世紀以上も風雨に曝《さら》されてきたため、今では青銅の色は美しい茶色がかった緑に変わっている。寺の建物は五十ヤード四方あったと言われ、その屋根は六十三本の巨大な木柱に支えられていたのだが、今でもその礎石を見ることができる。寺の僧侶は建物を再建するため浄財を募っているそうだが、むしろその金は他のことに使ったほうがよいのではないか。現在の環境は理想的と言えないかもしれないが、建物の中に押しこめてしまうよりも、蘇鉄と松と桜に囲まれて座した現在の姿のほうが、はるかに感銘深く眺められる。何故なら奈良の東大寺に収められている、これより大きいが芸術的価値の劣る大仏を見れば、そう判断されるのだ。

外国人の見物客が大仏の手の上に登ったりして、馬鹿げた不敬な悪ふざけをしたために、ちょっとした盗み撮りよりもましな写真を撮りたい場合には、大変な困難が伴うことになった。それでなければ坊さんが売っているステロ版の写真を買うしかない。写真を写すためには極めて面倒な手続きをしなければならない。三脚を立てるのは管理人の同意を要するだけでなく、それ以前に横須賀《よこすか》の海軍本部から許可書をもらって管理人に見せなければならない。撮影の同意を得るまでにはしばらく時間がかかるが、海軍の文書に対して寺の認可を得るには、寺の建築基金としてなにがしかの寄付が必要である。このことについて苦情を申し立てるつもりはない。何故なら管理者というものは自分の好きなような条件を当然のこととして呈示できるからである。もし自分で写真を写す気がなければ、横浜の写真屋に行って二十銭で大仏の写真を買うことができるが、その写真は海外で自分の同国人がどんなに笑いものになっているかを示す証拠になる。これらの写真の原板は十年か二十年前の、今より条件が厳しくない頃に撮影されたもので、今は許されないが、その頃は親切な坊さんが大目に見てくれたので、見物人の多くは特権を悪用して、日本人には神聖なものとされている仏像のあちこちによじ登り、その手や腕の上に乗って馬鹿げたポーズをして写真まで撮らせたのであった。日本の当局がすべての外国人に対して、見物に出かける許可を与える前に、本人が精神に異常がないことを正式に確認された証明書を携帯するように主張しないのは不思議なことだ。

ある人々が海外へ出かけると、訪れた国の原住民を人間の仲間ではなしにまるで獣《けだもの》かのように扱って、故国では夢にも考えられないような振る舞いをするのに驚かされることがある。私があるとき鎌倉で見かけた夫婦連れの見物客は、中年を過ぎて分別をわきまえた年頃であったが、日本人の巡査の前に立って、まるで彼が石の彫刻であるかのようにじろじろ見ながら話していた。巡査は、彼らが帽子の天辺からよく磨いた長靴に至るまで注意深く調べて批評している間、威厳を保とうと一生懸命に努力していた。彼は辛抱強く試練に耐えていたが、ついに見物の男が巡査の刀の柄《つか》に手をかけて、巡査がまさかそんなことをするとは思わないうちに、鞘《さや》から刀を抜いた。巡査はその男が何をしようとしたのか全く分からなかったが、すぐ刀を奪い返して鞘に納めた。彼は一言も言葉を発しなかったが、その目は怒りに燃えていた。日本のことをよく知らない者は、この侮辱がどんなに大それたものか想像できないだろう。何故なら、まだ昔ながらの精神が生き残っていたし、巡査の多くは士族の血をひく者だったからである。昔のサムライにとって、刀に触れることさえ生死にかかわる重大なことであったから、断りもなく刀を抜くことなど、考えることもできないような侮辱であった。この場面をおもしろがって見ていた観衆は巡査のどうしてよいのか分からない当惑しきった様子を見て笑った。巡査がこのことは自分の責任ではないと考えたのは明らかだが、礼儀を守ろうとする気持ちから、婦人を連れた外国人に干渉することを避けたのだった。この出来事を最初から見ていた私の友人のアメリカ人は、この場で巡査に助太刀して、彼の同国人に全く飾り気のない率直な言葉で、彼の振る舞いをどう思ったかを告げ、もしニューヨークの巡査だったら警棒を奪い取ろうとした好奇心の強い外国人をどう扱うと思うか、と彼に尋ねた。物好きなこの夫婦は、群集の嘲笑《ちょうしょう》を背にしてその場から逃れていった（群集は交わされた言葉は分からなかったが、話の意味は理解したのだった）。巡査は窮状を救われたことを感謝して、私の友人に何度もお辞儀をして「ありがとうございます」と繰り返した。

大仏に話を戻すと、仏像の内部はもちろん中空になっていて、大仏の座している青銅の蓮の花びらに設けられた扉を通って中に入ると、首の下まで通じている階段を登れるようになっており、後ろ側に窓がついている。内部には慈悲の女神を祀った祭壇があるが、幻滅を感じるだけだから、中を見物しないほうがよい。

鎌倉を取り囲んでいる美しい丘の木々の緑が濃い斜面の小高い場所に、朝日を正面に受けて、見晴らしのすばらしい寺がある。それは慈悲の女神である観音を祀った寺で長谷寺と呼ばれている。春にはたくさんに群がって咲いた桜の花の間から、厚い萱葺《かやぶ》きの古い屋根と欄干が見え隠れしている。そして、秋にそこを訪れると、丘の斜面は上から下まで一面に燃えるように赤い紅葉に彩られている。灰色の古びて苔《こけ》むした階段が長く上に続いており、風雨に曝されて時代がかった欄干越しに眺めると、平野のあちこちにモザイクのように田圃《たんぼ》が広がり、その先に黄色く色づいた山々が聳えている。右手を見ると、三日月形の入り江の銀色の砂浜に、大洋から打ち寄せる波が砕けて白い線を描いている。すべてが美しく、あらゆるものに平和が感じられる。

年取った僧侶が迎えに出てきて寺の中を案内してくれた。観音の像は祭壇の後ろの別室に安置されてあった。五十銭の観覧料を払うと、年取った僧侶は私をこの部屋に案内してくれたが、その中は、彼がマッチを擦って蠟燭《ろうそく》をつけてくれるまでは真《ま》っ暗闇《くらやみ》であった。最初の瞬間、私は仏像を探したが見えなかった。薄暗がりの中では、わずかに見えたものも何だか見分けがつかなかった。しかし、目が慣れてくると、見えたのは仏像の足だけだと分かり、視線をだんだん上にずらすと、像の上半身は暗闇の中に隠れていた。蠟燭をもう一本つけて、二本とも鉄枠に載せ、僧侶がそれを像の上の方に次第に引き上げると、蠟燭の光が像の各部を照らして、不思議な効果を醸《かも》し出《だ》し、最後に三十フィートの高さにある仏の顔の前に達した。こんな狭い部屋の中にこれほど巨大な仏像があるとは、ここを訪れる巡礼たちはほんとうに驚くにちがいない。彼らの信仰は日々の生活を照らす光であり、このように目の前に仏の姿が現れることは、彼らにとって圧倒

寺院の僧侶

的な感激に相違ない。

この仏像は一本の楠《くす》の大木を彫って作ったものと言われ、漆を塗り金箔《きんぱく》をかぶせてある。大きな手の一つに赤銅の錫杖《しゃくじょう》を持ち、もう一つの上に上げたほうの手には蓮の蕾《つぼみ》を握り、腕の上に数珠《じゅず》を掛けている。仏像は保存がよく、例によってさまざまな言い伝えがある。昔、神々が一対の像を彫って海に流したが、その一つが一一八五年前に相模湾に流れついて、二人の漁師がそれを鎌倉へ運んだという説がある。弘法大師《こうぼうだいし》が彫ったと言われる大黒像が、金色の観音像の右手の祭壇の上に置いてある。細工は荒いが、大層変わっていて一刀彫りで仕上げたものである。大変立派な仁王《におう》の像が一対あったが、不思議なことにそれは寺の内部にあり、普通はそんな場所で見かけることはまずあり得なかった。

鎌倉には他にも立派な古い寺がたくさんある。大きな鐘のある円覚寺《えんがくじ》、弘法大師が沐浴《もくよく》したという十六の池がある光明寺《こうみようじ》（訳者注――海蔵寺《かいぞうじ》の十六の井との混同であろう）。源頼朝の戦《いくさ》の太鼓や、立派な柏槙《びやくしん》の老木や、崩れかけた建物と、まだ堂々とした山門のある建長寺《けんちようじ》、仏教の地獄の神である閻魔《えんま》の有名な像がある円応寺《えんのうじ》などである。この閻魔の像は驚くべきものだが、仏像の彫刻師運慶《うんけい》の作と聞けば、なるほどと納得できる。彼は死んで閻魔の前に呼ばれたが、大王は運慶が作った閻魔像に大いに不満を示し、お前は真物《ほんもの》を見たのだから、地上に戻って真物そっくりに作れと命じた。そこで運慶は地上に戻り、この像を彫り上げたということである。もちろんそれは真に迫っていたので「運慶甦《よみがえ》りの作」として知られている。像は幕の後ろに隠されているが、坊さんが幕をさっと引き上げると、こわい赤黒い顔をして、目と歯が妖《あや》しく輝き、怒りの形相をした、見るだに恐ろしい閻魔の像が目の前に現れる。しかし、これよりもヒンズーの神ガネーシャ（歓喜天《かんぎてん》）のほうがさらに畏怖《いふ》の念を起こさせるように感じられた。

鎌倉にとって外国人の到来は天の賜物であった。毎年何千人かの短期滞在の観光客が大仏やお寺を見にやって来るし、英国人やアメリカ人の商人が、日本人と同じように、ここに別荘を建てて、夏場は横浜や東京から避暑にやって来る。鎌倉は涼しい所ではないが、太平洋から絶えず微風《そよかぜ》が吹いているし、海水は生ぬるいが、海の眺めとすばらしい海水浴が楽しめるので、都会のうだるような暑さから逃れて、気晴らしと休養の機会を与えてくれる。日本風の旅館と外国式のホテルはいずれも優れたものがある。もし仕事が忙しくて、かなり離れたところにある湖水地方に行く暇がなければ、鎌倉は総じて夏を過ごすには快適な場所である。横浜から鎌倉までは一時間とかからないが、一番近い湖のある箱根に行くにはたっぷり六時間もかかるのだ。

時間の余裕のない人のために、鎌倉から片瀬《かたせ》までの六マイルの行程に電車が通じているが、そこへ行くには四季を通じて歩いて行くほうが景色がよい。砂がきらきら光る相模湾沿いに道が延びていて、広い太平洋の紫がかった靄《もや》の中から大きな波が逆巻いて砂浜へ打ち寄せている。日が輝くと、緑がかった透明な波は、日の光を通し青い縞《しま》になって、大きいリボンのような海草を巻き込みながら、たてがみを振り立てるようにして浜辺に白い泡となって砕けるのだった。

この道には歴史的な逸話が多い。稲村《いなむら》が崎《さき》では新田義貞《にったよしさだ》が海神に祈って剣を海中に投じ鎌倉に攻め入った。この劇的な物語は歌になって語り継がれ、それを描いた美術工芸品が数多くある。

片瀬《かたせ》の少し手前に腰越《こしごえ》という小さな村がある。ここで日蓮《にちれん》が処刑の寸前に役人が振り上げた刀に落雷して命が助かり、刑場からこれを報《しら》せる使者と北条時頼《ほうじようときより》から刑の中止を告げる使者とがちょうど行き合ったのが、現在行合川《ゆきあいがわ》と呼ばれる小川のところであった。この橋を渡る日本の子どもは、誰でも七百年前のこの話を教わるのだ。

片瀬の村は海岸の近くに何百とある漁村に比べて、これといった重要性のない小さな漁村である。しかし、何千という人々がここを訪れるのは漁民の生活を研究するためではなく、日本列島の中でも一番美しい聖なる島、江《え》ノ島《しま》に渡るためであった。魅惑的な物語が多いこの国では、美しい場所はどこでも神秘と伝説に包まれているが、その中でも特に江ノ島にその類《たぐい》の伝承が多いのは当然のことであった。江ノ島は千二百年前に一夜にして海中から持ち上がったというが、それは日本の国がその上に乗っている巨大な魚が体をねじ曲げたためで、その魚が身をくねらせると地震が起きると言われている。この異常な地殻の隆起は、幸運の女神弁天《べんてん》の怒りによるもので、海の下の洞窟《どうくつ》に棲む恐ろしい龍が猛威を振るって、近くの腰越の村の少女たちを貪《むさぼ》り食うのを止めさせようと、女神がこの場へやって来たのである。天から女神が姿を現すと、それを迎えようと海の底が持ち上がった。雲から降り立った女神は、龍に会ってこれをなだめたが、龍が思ったより好ましかったので、すぐに龍と結婚した。今日に至るまで水面に近い深い弁天の洞窟が、物語の功徳を示す証拠となっており、あらゆる種類の美術品に、弁天と龍が雲に乗って空に舞い上がる図を見ることができる。わけの分かる人間なら物語の真実性を示すこれ以上の証拠を要求することはないだろう。女神の一生の中でのこの出来事は芸術家によっていろいろおもしろく描かれているが、中でも一番現代的な変わり種は、弁天と龍が雲に乗って国産のビールの瓶を抱えながら、にこやかに微笑《ほほえみ》を交わしている図を描いた大きなポスターであろう。

江ノ島は華やかな伝説に彩られなくとも、十分に魅惑的な島である。長い華奢《きやしや》な木製の橋が、一番近い岸と島とをつないでいた。この橋はふだん修理しないらしいが、それは船頭が見物人を乗せて島へ渡すことによって、海神の恵みを受けるより、たやすく稼ぐことができるからではないかと私は疑っている。神聖なこの島へ入るには、水際にある立派な古い青銅の鳥居をくぐらなくてはならないが、その両方の柱の下の方に、浪に洗われた岩に亀が登ろうとしている彫刻がある。頂上まで登る道は傾斜がきついが、同時に興味をそそる道でもある。何故なら道のりの半分には、骨董《こつとう》を売る店や古風で趣のある宿屋が並んでいるからである。江ノ島は不思議な日本の貝類や珍しい海産物を見に訪れるべき場所である。ここには考えられるかぎりのあらゆる種類と色の貝や珊瑚《さんご》や縄状の海綿を展示した店がある。貝殻で作った玩具《がんぐ》や装飾品、真珠色をした二枚貝の片方に綺麗《きれい》な絵を描いたもの、それに桜の木の枝に、桜の花びらの形に小さな桃色の貝殻を巧みに配したものなどを買うことができる。その他に見かけの恐ろしい巨大な蟹《かに》がいる。それは胴は小さいが、はさみの先から先までは十フィート以上もあり、この種の蟹は生きている人間を襲って殺し、その肉を貪り食うと言われている。この蟹のことを島の子供たちは、夜になると海から上がってきて小さな子供たちを探して岩の上を歩き回るお化けだと思っている。

店の上の丘のそばに楓《かえで》の林があって、古い赤松の木の下に曲がりくねった道がついていた。島の頂上には食堂や茶店があったが、崖《がけ》から下の海に今にも落ちそうな危なっかしい形で傾いている松の木の間を通してすばらしい景色が眺められた。

南の水平線の上に、大島の活火山から鉛色の煙の輪が空に立ち上り、輝く海面に〝海に吹き飛ばされた白い花のように〟小舟の帆が光って見えた。西の方には富士山がさらに美しい花のように聳えていた。その裾《すそ》野は紫色の靄に包まれていたが、山の上の方には大きな鐘の形をした花のように、雪の白い花びらが空に浮かんでいた。島の住人はこの聖なる島の地下から聖山富士へ通じている道があると信じている。

江ノ島は魚の料理が有名なので、一度食べてみるとよい。金亀楼でもその他の上等な宿屋でも食べられるが、もし望むならもう少し歩いて、突き出した崖の縁にある変わった見晴らし台で料理を食べることもできる。周囲の景色は実にすばらしい。料理の味つけは外国人の口に合わないものもあるかもしれないが、美味《おい》しく味つけされた烏賊《いか》もあるし、殻のまま炭火の上でバターを入れて焙《あぶ》り焼《や》きした栄螺《さざえ》もある。これはどんなに味にやかましい人間でも喜ぶような美味な食物だ。ただしこれは極めて見かけが悪いので、偏見を捨ててこれを試みることができればの話である。パリで珍重されているボルドー産の蝸牛《かたつむり》は、勇気を奮い起こして食べればうまいものだが、江ノ島の栄螺の壺焼《つぼや》きはこれとは比べものにならないほどうまい。

下の岩場の上では島の年寄りの漁師たちが、龍の洞窟へ行く見物客を待ち伏せして、彼らに小銭を海中へ投げ込ませ、それがゆっくり沈んでゆくのをつかまえて生計を立てていた。彼らは海老や蟹も獲るが、澄んだ緑色の深みから間違いなく一匹捕まえてくるのだった。漁師が潜ろうとする前に必ず洞窟にほんの少しの間寄るのに気がついたので、私は疑いを抱いて、その一人が潜ろうとする寸前に彼を呼び止め、ふんどしの中にざりがにを隠しているのを見つけた。芸当の種明かしをされて彼ら一同は大笑いをした。

ある日のこと、私は友達と二人で彼らをかついでやろうと決心した。我々が岩場へ泳ぎに行くと、何人かの漁師たちが我々を見ようと集まって来た。微風で海が波立っていたので、海面から下は何も見分けがつかなかった。我々は潜る前に深く長い息を吸い込んで、海の中を泳ぎ、三十フィートばかり離れたところにある岩の後ろに浮かび上がった。岩の上からのぞくと、人々が我々の潜った海の中をじっと見詰めていた。一分経つと彼らは心配になり始めた。二分経ったがまだ我々が現れてこない。三分が過ぎると、彼らの中の数人が我々を探しに水に飛び込んだ。皆は我々が溺《おぼ》れたと思って、興奮して大騒ぎをしていた。さらに一分過ぎるのを待って、そっと隠れ場の岩の後ろの水の中に戻り、深く潜って進み、大きく息をつきながら、彼らの目の前に浮かび上がった。彼らは我々がほんとうに潜っていたと信じて疑わず、我々の後について村へ戻り、皆にこの驚くべき出来事を話した。何ヵ月か後に私の友人が江ノ島を訪れたとき、二人の外国人が海に潜って十分間も海中にいたという話を聞かされた。本当はそうではなくて、実際海の中にいたのは一分たらずであったのだ。

龍の洞窟は大した見ものではない。深さは約四百フィートで、幅は入り口で三十フィートあるが、だんだん狭くなって一番奥は一フィートしかない。木の板と竹でつくった細長い廊下が岩の壁に固定されていて、そこを歩くようになっているが、その下には波が押し寄せているので、嵐の神が怒って海が荒れ狂うと足場はひとたまりもなく壊れてしまう。小さな社《やしろ》がいくつかあって、その前で案内人が蠟燭を点《とも》すが、今はそれが弁天の女神の栄光を讃えるもののすべてである。

東海道の旧道

〔上〕箱根を山駕籠で旅する女性〔下〕箱根宮の下の秋

〔上〕世界で最も美しい山、富士山〔下〕熱海の海岸

第十章　江浦湾と宮島

伊豆半島と沼津《ぬまづ》の中間にある江浦湾《えのうらわん》の海岸の村のことを知っている外国人は、わずかな例外を除いてほとんどいない。そこは東海道線の駅から人力車で一時間足らずの所だが、観光客を案内してそこを訪れる案内人は一人としていない。そこには骨董屋《こっとうや》も土産物屋も何ひとつないから、案内人が全く手数料を稼げないからだ。観光ガイドは国府津《こうづ》と静岡の間では、海岸側については全く関心を示さず、右側に見える富士山についていろいろな話をする。彼が静浦《しずうら》や牛臥《うしぶせ》や三津《みと》のことを語りたがらないのは、そこを知らないからではなく、客がそこへ行きたいと言い出すと困るので、その付近のことを教えないほうがよいと思っているからなのだ。

汽車が比類なく美しい富士の裾野《すその》を半周する間に、マレーの『日本案内記』で富士について知りたいところを読んでおくとよい。そして、乗り合わせた愛国的な日本人が、富士を讃美する貴方の様子を見て、英会話の練習の足しに、好意からではあるが押しつけがましく、富士の説明をしようとするのをあまり気にかけないほうがよい。ある日、マニラ行きの船に神戸で乗船するために、横浜から乗車したアメリカ人の女教師の一行が大勢乗っている車内に向かって、一人の日本人が次のようなことを途切れ途切れの調子で叫んでいた。「富士は――世界で――一番高い――山です。それは――八千――九百――七十二――フィートの――高さです。それは――いつも――溶けない――雪で――覆われて――います」

私は、その男が自分の国の最も美しい山について、全く無知なことに息も止まるほど驚いた。この声明はどれも不正確であったが、山の高さが間違っているのに、二フィートの端数までつけたところに苦心の跡がうかがわれた。確かにその男は細かいことにはこだわらなかったのだ。せっかく自分を印象づける機会を見つけたというのに、知識の不足が邪魔することを避けたかったのだろう。彼は日本人だから、当然何でも知っていなければならない。だから、女教師の一人が彼に問いかけたときに、その機会をとらえて、自分の知識の深さを見せようと、いい加減なでたらめを喋《しゃべ》りまくったのだ。

彼がひとりよがりの自己満足に満ちた態度で、眼鏡越しに車中の乗客を恩着せがましく見渡した様子があまりにも嬉《うれ》しそうだったので、その鼻柱を折ってやりたいという誘惑に抗しきれなかった。私は彼の述べた三つの点にすべて反論し、それを訂正して、その証拠としてマレーの『日本案内記』を見せてやった。彼は自分の無知が暴露されたので意気消沈したが、自説に固執して、案内書が間違っているのだと言い張った。彼はそれ以後新聞を拡げておとなしくしていたが、次の駅に停車したときに、別の車輛《しゃりょう》へ移る機会をとらえて、挨拶《あいさつ》もせずに出て行った。恐らく心の中で私のことを、不作法でお節介な奴だと呪《のろ》っていたにちがいない。

前にも述べたように、牛臥に行くには東海道線の沼津の駅から一時間とはかからないが、それよりずっとおもしろい道は、伊豆半島を通る廻り道であり、一九〇五年（明治三十八年）に私が通ったのはその道だった。三島《みしま》から大仁《おおひと》まで鉄道の支線が通じている。大仁から修善寺《しゅぜんじ》までは馬車に乗った。その馬車は一頭引きの小さな乗合馬車で、日本でも他の国でも、これほど安い料金で走る馬車はなかった。修善寺までの四十五分の距離を、貸切りにしてたった四十五銭（約十ペンス）であった。これが正規の料金なのだから、観光客の通る道を外れるといかに料金が安くなるかを示す好例である。富士の近くだったら、少なくともこの三倍はとられるだろう。我々は富士の東側から直接ここにやって来たのだが、山中湖近くの平野では雪が二フィートも積もっていたというのに、直線距離にして三十マイルしか離れていないこの辺りでは、気候は非常に温暖だった。

伊豆半島は日本のリビエラと言われているが、山懐《やまふところ》に抱かれた修善寺はその中でも特に環境に恵まれた、人気のある冬の保養地である。私が泊まったのは新井屋という気持ちの良い旅館で、すべてが日本式であった。町の中を流れる桂川《かつらがわ》を見下ろす私の部屋は、大変綺麗《きれい》で小ざっぱりしていた。襖《ふすま》は二羽の孔雀《くじやく》が舞っている美しい絵で飾られ、床の間に置いてある化石のような木の置物は、昔の中国の画家が描いた山の形に似ていた。それには、サムライの一団が頂上に近い洞穴から姿を現した恐ろしい龍と戦っている、珍しい彫刻が施してあった。

部屋の窓から下の川を見下ろすと、朝から晩まで絶えずおもしろい光景を目にすることができた。流れの真ん中にある岩風呂に、豊かな温泉が湧《わ》き出《だ》していて、その近くに浴客のための簡単な小屋が作ってある。その小屋と岸の間に、細い橋が架かっている。この温泉に男も女も何の区別もなく入っているのだ。湯浴みのための簡単な衣服も、ここでは全く不要だった。

宿に着いてしばらくして、昼食をしていると、小綺麗な婦人が二人、温泉から上がってきた。彼女たちはそれまで数人の男たちと一緒にそこに入っていたのだ。二人の婦人は、身に一糸も纏《まと》わぬ姿で、日の光に体を乾かしながら、橋の方へ歩いていって、町中の者が見ている前で着物を着た。いや、町中でそれを見ていたのは、私だけだったにちがいない。というのは、チェンバレン教授が言うように、日本では「裸体を見てもよいが、見つめてはいけない」からである。

以上のような経験は、この国の人々が純朴で天真爛漫《てんしんらんまん》なことを、十分洞察できる機会を与えてくれた。それが習慣なら、しきたりとして当然認めてよいことで、「悪意に解する者は、恥じ入るべし」（ガーター勲章のモットー）である。日本では、清潔は信心深さを上回る美徳であるから、体を清潔にするために裸体を曝《さら》すことは、適切であり当然なことと考えられている。確かに数日前、上井出《かみいで》の宿で私と一緒に泊まり合わせた若い男と若い娘が、お互いに知り合いでもないのに、一緒に風呂に入っているのを見たことがある。それは高さ一ヤードほどで、二フィート四方しかない小さな風呂なので、男が先に入ると、娘が入る余地がほとんどないくらいだった。非常に寒い日で、石の床の上に水がこぼれるとすぐ凍ってしまうほどだった。私は同じ風呂場の片側の風呂に、独りで首まで浸《つ》かって入っていたが、彼らはゆっくり湯に浸かって、楽しそうに話をしていた。娘は湯浴みを終えると風呂の上に首だけ出した私に向かって、丁寧にお辞儀をすると、こんなに寒い日なのに何も身につけずに部屋に戻っていった。

修善寺には温泉以外には特に興味を惹《ひ》くものはなかったので、翌日馬車に乗って三津に向かった。そこまでの距離は約五マイルであるが、途中の景色には強いて述べるほど変わったところはなかった。むしろ、この旅で一番興味深く思ったのは、馬車を走らせる馭者《ぎょしゃ》そのものだった。彼はいかにも馭者らしい人間で、ロンドンのバス運転手によくあるタイプとそっくりだった。馬車に乗っている間中、質問やら意見やら絶え間ない軽口やらが、次から次へと飛び出すので、それが止むのは口にくわえた煙管《きせる》を二、三服吸うときだけだった。煙管に煙草をつめかえるたびに、まだ火の残っている灰の玉を、手の平の窪《くぼ》みに叩《たた》き出して、新しくつめた煙草にそれで火をつける。そして、三服か四服吸ったかと思うと、また同じことを繰り返すのだ。どうして火が燃えている玉を手の平に受けていられるのか、私には全く分からなかった。そこで自分で試しにやってみたが、熱いのであっという間に落としてしまった。彼はそれを見て喜んで、大笑いに笑い転げたので、すんでのことに馭者台から落ちるところだった。馬がそれに驚いて、大変な勢いで坂を駈け降りたので、馬車が溝にはまってしまった。幸い何の故障もなかったので、車輪を持ち上げて道に戻し、無事三津へ着いて、馭者に金を支払った。彼に別れを告げるのは惜しい気がして、もっと長く旅をしたいほどだったが、三津から先は舟に乗らなければならなかったのだ。

三津は、起伏の多い崖《がけ》が周囲の大部分を取り囲んでいる、ひっそりした小さな湾の岸辺の漁村である。松島湾の島のように松の木の茂ったすばらしい小島が、湾の入り口を番兵のように守っている。白い帆をかけた数隻の平底舟が湾の両側に浮かんでいたが、石の突堤沿いにもたくさんいたし、砂浜の上にも何隻かが引き上げてあった。最初この浜を見たとき、ここより美しい所は見たことがないと思ったが、日本で新たに美しい場所を訪ねると、誰でも必ずそう思うものなのだ。三津湾は江浦湾の一角にあり、江浦湾は駿河湾《するがわん》の一部である。それは駿河湾の東部にあり、牛臥のすぐ先で海に流れ込んでいる狩野川《かのがわ》と伊豆半島との中間にある。この海岸線は全体に不思議な美しさがあり、その魅惑的な景色は、あらゆる形の美術に採り入れられて、不朽のものになっている。

静浦に行くために平底舟を傭《やと》ったが、それは航海に適した頑丈な舟だった。その舟は木を削ったままの板で作った塗装してない舟で、鉄の釘《くぎ》は一本も使わずに、横板は木の釘でそれぞれ隣の板に固定してあった。船頭は、この舟はどんなひどい嵐《あらし》にも耐えることができると

静浦の浜辺の松林

保証した。乗組員は、船頭の老人とその息子で、いかにも頑健そうな典型的な船乗りのタイプだった。彼らは穏やかな愛想のよい態度で話し方も丁寧だった。それは厳しい自然と絶えず戦ってきた彼らの生活の中で、自然と身についたものだろう。海に出る漁師はしばしば危険に曝される。海ではずっと向こうにほんの小さな雲が見えても、それは台風の前兆であるかもしれない。それは見る見る大きくなり、舟が陸地に辿《たど》り着《つ》く前に、嵐が襲って舟を波間に呑《の》み込《こ》んでしまうのだ。私は日本の新聞で、急に嵐がきて漁船の一団が全部難破し、乗組員全員が溺死《できし》したという記事を、何度も見たことがある。

船頭の老人の孫娘で、九つになる茶色の目をした少女が、赤ん坊の弟を背中に背負って、我々を見送りに浜辺に出てきた。その子たちは息子の子供たちで、私が少女の写真を急いで一枚写して、英国にいる身内の小さな子供たちに見せてやりたいというと、老人と息子は大層喜んだ。

風が非常に弱かったので、舟は湾の上をゆっくりと進んでいった。しかし静浦の近くまでくると、ついに風が全くなくなってしまった。すると、船頭は長い櫓《ろ》をとり出して、快適な調子で舟を漕《こ》ぎ出《だ》した。舟を推進するこの方法で得られるスピードは驚くほどの速さだった。舟は二十人は楽に乗れるほどの大きさだが、二人の力で漕いで、四マイル進むのに要したのは一時間かそこらであった。船頭は舟を漕ぐときに、一種の舟唄《ふなうた》を歌っていた。日本の舟唄は、ヨーロッパの水夫の歌う舟歌のような快い響きではない。しかし、その調子は単純

三津浜の船頭の孫娘

志摩で真珠貝を獲る海女

だが、大いに役に立っている。というのは、この歌の助けがないと、男たちは身を入れて漕ぐことができないからだ。一生懸命体を動かすときに、ある種のリズムがあったほうが、リズムがないよりずっと体を動かしやすいからだ。

風が止むと海面は全く静かになり、しかも澄み切っていたので、十フィートも十五フィートも下の底にあるものが、まるで水があることに気がつかないくらい、はっきりと見えるのであった。

鮑《あわび》という大きな貝がこの湾で獲れる。底がガラスになった桶《おけ》を使うと海の底まではっきり見えるので、三十フィートか四十フィートの海底にいる鮑を容易に見つけることができる。鮑のいる場所が分かったら、先端に鉄の鉤《かぎ》をつけた長い竿《さお》で、それを海底から引き離す。鮑は大へんな力があるので、見つけてもそれを捕らえるのは容易なことではない。鮑は単殻の軟体動物で、岩に頑強にしがみついているからだ。

静浦は、江浦湾の岬から牛臥の村まで、弓のような形で延びている長い砂浜の名前である。海風に痛めつけられた松林が、水際のすぐ近くまで延びているのが見えた。浜辺の松の木は強風に煽《あお》られてねじれ傾き、根元の砂を吹き飛ばされながらも、大きな鉤爪《かぎづめ》のような根で地面にしっかり根を張っていた。

我々の乗った舟が、船尾を先にしてこの美しい浜辺に着いたとき、私はあたりを見渡して、ほとんどの日本の歌人が、ここの景色の美しさを歌に詠《よ》んでいる理由がはっきり分かったような気がした。可愛い小波《さざなみ》が銀色の砂浜を優しく洗っていたが、柔らかな日の光の中で水晶のようなその波が砕けると、虹色に輝くオパールが一列に連なっているように見えるのだった。華やかな着物を着た子供たちが、波打ち際で遊んでいた。遠くの方に青空から吊《つ》り下げたような清らかな富士の峰が、空よりもなお青い海原の上に浮かんでいた。

元気で可愛らしい女中が、我々を迎えに浜を駈け降りてきて、松林に囲まれた旅館保養館へ荷物を運んでくれた。そこは私が日本で泊まった中でも、最高の日本旅館の一つで、すべてがよく行き届いていた。私が部屋に落ち着くとすぐに、旅館の主人夫婦が敬意を表しに現れた。彼らは部屋に入ると畳に頭をすりつけて恭《うやうや》しくお辞儀をした。ここは東京の貴族社会の人々が好んでくる保養地なので、厳格な礼儀作法が守られているのである。いわゆる「外国式」と称する日本旅館の応対によく見られる無遠慮な態度は、ここでは全く見られなかった。日本の旅館では客が到着すると、必ずすぐお茶とお菓子を持ってくるが、私がお茶を啜《すす》り、お菓子をつまむ間、彼らはずっとかしこまって坐っていた。私の目的は日本の写真を撮ることだと話すと、大変喜んで興味を示し、旅館に泊まっている他の客を連れてきて、私に紹介する許しを請うた。その晩、主人が他の客を連れてきたので、私が方々の国で撮影した写真を皆に見せてもてなした。しかし、彼らが一番興味を示したのは、何枚かの日本の写真であった。この国の本当の美しさを認識して、それを愛する点においては、我々外国人も日本人と変わりないということが分かると、日本人はいつもそのことを大変喜んだものである。

旅館の近くの、塀で囲まれた広い敷地の松林の奥に、皇太子殿下の宏壮なお住まいがあった。毎年夏になると、暑さを避けて休養をとられるために、殿下はここでお過ごしになるのだった。これ以上ひっそりとして心休まる場所は他にないし、また自然の美に恵まれた場所としてこれ以上の所はないだろう。

湾沿いの二十マイル先に、漁師と羽衣の伝説で有名な三保《みほ》の松原《まつばら》があるが、そこより静浦の松林のほうがはるかに美しい。海から吹いてくる風で、ねじれ傾いた松の老木の間を、二、三人の農夫が枝から絶えず落ちてくる松葉を竹の熊手《くまで》で掻《か》き集《あつ》めている。家に持って帰って、炭火を起こすときの焚《た》きつけにするのだろう。曲がった松の木の立ち並ぶ松林では、昼間は日の光が戯れ、夜になると月の光が射してさまざまな影を落とす。浜に打ち寄せる波の音を伴奏にして、そよ風に揺れる松の枝が優しい調べを奏でている。

静浦の美しさは天候の状態に左右されやすい。ある日のこと、小舟に乗って鮑を獲ろうと海の底を覗《のぞ》きこんでいると、水の中に美しい水の精が大勢泳いでいるのが見えた。海面の小波を通して、海の中に射し込む強い日の光は、プリズムを通したようにさまざまな色に分解される。だから、光線が透き通った水の中を海の底まで達すると、そこは七色の虹に彩られた海神ネレウスの美しい宮殿と化するのである。宮殿の中の岩の広場やテラスで踊っているのは、みんなネレウスの娘たちであった。

年取った船頭はその光景を見て私と同じように喜んだ。長い間そんなことに慣れっこになっていたのだが、私が喜んだので、自分でも新たな興味が湧いてきたのだ。船頭はもっと美しい景色の見られる場所を次々と探し出して、ついにごつごつした岩でできた小島に私を連れていった。そこで舟を下りるように言うと、片隅の岩のところに私を手招きしてこう言った。「どうぞここを覗いてみてください」

その岩のところへ行くと、海水で浸食された小さな穴がそこにあいているのが分かった。それを覗いてみると、ごつごつした岩を額縁にして、富士と浜辺の松林が収まったすばらしい景色を覗くことができた。広重が五十年前に描いて、今や古典となっている構図である。

瀬戸内海の夕暮れ

「これが静浦の富士でございます」と老人が言った。彼の顔に浮かんだ誇らしげな表情は、日本の人々がこの景色を、江浦の絶景の中でも最高のものとして評価していることを物語っていた。

宮島《みやじま》！　その名前からして耳に優しく快く響く。それは女王にふさわしい名前だ。確かに宮島は、世界中で最も美しい水域の一つ、瀬戸内海に君臨する島の女王と言ってよいだろう。

この有名な島を訪れようと、ある夏の夜、私が小さな日本の蒸気船に乗り込んだのは和泉湾《いずみわん》（大阪湾）沿いの、摂津《せっつ》の山々の麓《ふもと》にある神戸であった。翌晩は尾道《おのみち》に一泊し、船を乗り換えて宇品《うじな》を経由して宮島に向かった。岩山の岬を回ると、前方に美しい宮島の姿が見えてきた。もう夕暮れに近く、海面から微かな霧が立ち昇って、聖なる島が次第にヴェールで覆い隠されようとしていた。それは島の守護人である海神の娘たちが、島の美しさを嫉《ねた》んで、自分の着物で島を隠そうとしているかのようだった。しかし、それは透き通った薄衣《うすぎぬ》だったので、この魅力的な島を十分には覆い隠せないで、かえって一層魅力的に見せただけであった。

島に近づいていくと、それは本当とは思えないほど美しかった。何か夢でも見ているかのように、我々の目の前で、幻の島が神話の世界の暗い海の靄《もや》の中に、次第に溶け込んでいくように感じられた。

しかし、本当は、島は自分の姿を隠して、我々をじらそうとしたのだ。というのは、船が岸に近づくと、突然じらすのを止めて、自負心や慎み深さを一切かなぐり捨て、その美しさをありのまま見せたのである。船が周囲の海上に漂っていた薄い靄から抜け出ると、伝説の美しい島デーロスよりもっと美しい現実の宮島が目の前に現れた。

黄昏《たそがれ》の空を背景にして、木の生い茂った山々の輪郭が高く聳《そび》えて見えていた。山の松の木の甘い香りが空中に強く漂っていた。水際にそそり立った崖のすぐ近くを通って、船が到着の合図に汽笛を鳴らすと、その音は岩にぶつかって岩棚をかけ上り、森の木々に反響して、無数の木霊《こだま》となって響いた。

たくさんの灯が見えてきて、船は小さな石の波止場に横づけになった。人夫を傭ってきて手押し車に荷物を載せるまでに三十分かかり、それから村を抜けて暗い夜道を白雲洞旅館に向かって歩き出した。月がまだ島の山の上まで昇っていなかったので、その途中の景色の美しさはぼんやりとしか分からなかった。古い神社の建物が暗がりの中に微かに見え、浜辺で小波《さざなみ》が砕けて青白く光っていた。海を背景にして石灯籠《いしどうろう》の長い列が続いていた。人夫の提《ちょう》灯《ちん》の光に驚いた鹿が、すばやく跳んで逃げていくのが見えた。芝生はビロードのように柔らかで、松の良い香りが漂っていた。やっと松林の奥に明かりが見えて、続いて建物の姿が現れた。宿の玄関前に着くと、人夫の呼び声を聞いて出てきた主人や可愛い「姐《ねえ》さん」たちが、口々に「いらっしゃい」と言いながら我々を出迎えた。

挨拶が済むと、可愛い女中が提灯を持って先に立ち、私を案内してくれた。松林の中の柔らかな芝生の上を歩いて、さらさら流れる小川に架かった橋を渡ると、二間続きの小綺麗な離れ家があった。彼女はここが今晩お泊まりになるところでございますと言って、部屋のランプをつけると、お茶とお菓子をとりに戻っていった。そして、私がお茶を一口か二口啜《すす》ると、本館の風呂場まで案内してくれた。三十分ばかりして風呂から上がると、彼女はそこに待っていて、もう一度人形の家のような離れに案内した。それからまた、夕食をとりに戻り、それを持ってきて畳の上にお膳《ぜん》を並べると、私の向かい側に坐って、食事をしている間、愛想よく話をした。彼女は、私が今までどんなところへ行ったのか、どんなものを見たのか、いろいろ質問した。

食事が終わると、彼女は部屋の隅の押し入れから布団と敷布を取り出して畳の上に床をのべた。それから押し入れから大きな蚊帳《かや》を持ち出して、部屋の四隅に環で吊《つる》したので、部屋中が蚊帳で一杯になった。そして、枕元の行灯《あんどん》を点《とも》すと、畳の上に膝をついて、丁寧に頭を下げながら、「おやすみなさい」と優しい声で挨拶した。そして駈け戻っていったが、風呂へ入って寝る前に、まだしなければならない用事がたくさんあるのだろう。

その夜は、小川の流れる爽《さわ》やかな音と、周りの森で鳴く無数のこおろぎの声を聞きながら眠りについた。

翌朝、早起きして外へ出てみると、島を包んでいた夜霧はまだすっかり晴れきっていなかった。松林の辺りに漂っている霧を朝日の金色の光が照らし、旅館の前のビロードのように美しい芝生の上で鹿が草の新芽を食べていた。海はきらきらと金色に輝き、帆舟がその上を港の方にゆっくり戻ってくる姿は、真っ白な白鳥が泳いでいるようだった。夜の間ずっと鳴いていたこおろぎの鳴き声に代わって、まだ夜が明けたばかりだというのに、眠くなるような蟬《せみ》の鳴き声が森の中の方々で聞こえていた。全体の光景に夢のような平和な美しさが溢《あふ》れていた。

海で泳ごうと思って、波打ち際まで行ってみると、岩の上に船虫が一杯いるのを見つけた。瀬戸内海の島は、どこでもこの奇妙な虫が群がっている。この虫は人が近づくと大慌てで逃げ出して、岩の割れ目からそっと様子を窺《うかが》っていて、人の立ち去るのを見すますと、ま

宮島の鳥居

たすぐに這《は》い出《だ》してくるのだ。生温かい海で一時間ばかり泳いだが、水が大変澄んでいるので、二十フィート以上も下の海底までよく見え、底の小石をやすやすと拾えるほどだった。この浜の水は波が荒いときでも、いつも澄んでいる。それは浜の砂が粒の粗い花崗岩《かこうがん》なので、水に混ざり漂って海を濁すことがないからだ。

宮島は昔から日本三景の一つに挙げられている。他の二つは、北の松島と西の海岸にある天《あま》の橋立《はしだて》である。この島は日本列島の中にある多くの聖なる島の中でも最も神聖な島で、神道の三人の女神が祀《まつ》られている。三人の女神は素戔嗚命《すさのおのみこと》の娘で、その一番上の市杵《いちき》島姫命《しまひめのみこと》の名をとって、厳島《いつくしま》とも呼ばれている。

この島では生まれることも死ぬことも許さ

れない。もし予期しない出産があると、母親はすぐに本土へ送られて、そこで三十日間留まって身を清める。急に人が死んだ場合は、遺体は同様にすぐ本土へ移される。島で犬を飼うことは禁止されている。

景色の優れて美しいことは別として、宮島の最大の魅力はその神社（厳島神社）である。それは独特な優美さを誇り、日本の画家の好んで描く主題に何度もなってきた。その中でも一番有名なのは、楠《くす》の大木で作られた巨大な鳥居で、この聖なる島のいろいろな景色の中で、最大の特色をなしており、あらゆる形の日本芸術に採り入れられて不朽のものとなっている。それはどの場所から見てもほんとうに美しい。潮が引いているときには、鳥居は砂の上に立っているが、潮が満ちてくると、その周りはすっかり海の水となって、入り江のずっと先に浮かんでいるように見える。そのとき鳥居の下の海は一尋《ひろ》を越える深さとなる。

六月十七日の例祭には大勢の群集が宮島に集まって来る。他の神社を訪れるときは、徒歩か人力車で来るのが普通だが、このときは皆が舟に乗って来るので、神社への参道の最初の門である大鳥居を通る舟が列をつくる。神社の建物そのものも砂に深く埋め込んだ杭《くい》の上に建っているので、潮が上げてくると、回廊や柱廊の腰の辺りまで水に浸《つ》かって、建物が海の上に浮かんでいるように見える。

神社の分社が近くの丘の上に建っている。宏壮な社殿で、千畳閣《せんじょうかく》の名がある。一畳は長さ六フィート、幅三フィートだから、建物の面積は一万八千平方フィートあるわけだ。建物の内部は、壁や柱や戸の一面にしゃもじが掛かっている。この奇妙な習慣は、つい最近一八九四年（明治二十七年）に清国との戦争が起きたとき、出陣を待つ軍隊がここに駐屯していた頃に始まったものである。ある日、一人の兵隊が幸福を祈ってこの神社の壁にしゃもじを掛けた。ほかの者もその真似をして、それ以来ここにお参りする者は皆しゃもじを寄進するようになった。そのため、今では社殿の内部のありとあらゆる場所が、この奇妙な飾りで埋めつくされているのである。

町には綺麗な箱や木彫り細工などを売っている店が建ち並んでいるが、その町と神社の背後に、頂上まで松や楓《かえで》の木が隙間なく生い茂る山々が連なっている。その中の海抜千八百フィートの最高峰（弥山《みせん》）に寺（求聞持堂《ぐもんじどう》）が建っているが、その寺で弘法大師《こうぼうだいし》が千年以上も前に点《とも》したという聖火が燃えている。昔のローマで、女神ヴェスタの祭壇で不断の聖火が燃えていたように、この聖火は一度も消えたことがない。この有名な高僧が火を点してから千百年もの間、聖火は昼も夜も絶えず注意深く見張りを受けて燃え続けてきたのだ。

山を覆う森林を縫うようにして渓谷がいくつも走っているが、清冽《せいれつ》な流れが岩を躍り越え、滝となって落ちる音に交じって、方々の木にいる無数の蟬の鳴き声が聞こえてくる。夏の間は、島全体が元気な蟬の鳴き声で一杯になり、鹿が山から下りてきて、海岸近くの苔《こけ》むした花崗岩の灯籠の並んだ道を歩き回り、岩についた塩をなめたり、見物人のやる煎餅《せんべい》を食べたりする。神社の境内では、人に馴れた鳩が屋根から飛んできて、手や肩の上に止まって餌《えさ》をねだる。人の背丈ほどもある大きな鶴が、囲いの竹垣から首を出して、老婆が一杯三銭で売っている生きた魚を貪《むさぼ》るように食べている。

私が宮島を出発した夜の美しさは夢のようだった。潮が満ちてきて、仄《ほの》かに光る小波が岸に沿って砕けていた。迎えにきた平底舟に乗って岸を離れると、船頭の櫓が水を漕ぐたびに水しぶきが青白く光って散っていった。船尾に立った船頭が、前後に体を動かして舟を漕ぐと、後ろの海面に微かな航跡が残り、薄暗がりの中に立った彼のシルエットは何か不気味な幻影のように見えるのであった。

そのとき頭に浮かんだのは、アケロンの川を渡ってプルートーの黄泉《よみ》の国へ、死者の魂を舟に乗せて運ぶカーロンのことであった。私は渡し舟の代金を払えないとよいと半ば本気で思ったものだ。そうすればカーロンが、要求した船賃を払えなかった者を百年待たしたように、日本の船頭も私を美しい宮島から連れ出すことを断るだろう。

この章の元となった覚え書きを書いたときには、私の周囲には宮島の魅惑的な美しさが溢れていた。そして、今、この本の最後の数行を書いていると、あの優雅な日本の桃源郷《アルカディア》で過ごした楽しかった日々の思い出が、生き生きと心の中に甦《よみがえ》ってきた。そして、もう一度そこを訪れてみたいという切なる思いが、しみじみと胸に湧いてきたのである。

もう一度あの苔むした古い灯籠の並ぶ道を歩いてみたい。香り良い松の木蔭に横になって沖の白帆を眺めてみたい。古鴉《ふるがらす》のしゃがれた鳴き声を聞いたり、悠々と空を舞う鷹《たか》の姿を見たい。楓の林の中を逍遥《しょうよう》し、無数の滝の流れる音に耳を傾けたい。月に照らされた海に舟を漕ぎ出して、船頭の舟唄に耳を傾けてみたい。そのほかにも美しい宮島のありとあらゆる楽しみを味わいたい。その中でも、ぜひもう一度見たいと切に思うのは、単純ではあるが美しい線を描いたあの古い華麗な大鳥居の間から、さまざまな色に移り変わる美しい日没の景色を眺めることなのである。

訳者あとがき

本書はハーバート・ジョージ・ポンティング Herbert George Pontingが、一九一〇年にロンドンのマクミラン社 Macmillan and Co., Ltd. から出版した *In Lotus-Land Japan* の抄訳で、原題は「この世の楽園・日本」というような意味である。

著者のポンティングは世界各地を旅行した英国の写真家で、風景写真の分野で特に勝れた作品を残している。彼の名が一躍有名になったのは、一九一〇年〜一二年のスコット大佐の南極探検にカメラマンとして同行して、南極の風物や探検基地の状況などを、映画と写真に記録して公開した業績による。

一九〇一年から南極探検に参加する一九一〇年までの十年間が、ポンティングの写真家としての活動の最盛期であろう。日本のほか朝鮮半島、中国本土、ビルマ、ジャワ、インド、スペイン、ポルトガル、ロシア、フランス、スイス等を歴訪している。しかし、その中でも、彼が一番興味を抱いたのは日本であったようだ。

著者が最初に日本を訪れたのは、一九〇二年（明治三十五年）頃と推定される。その後一度日本を離れたが再び戻って、日露戦争勃発後は、アメリカの雑誌社の特派員として日本陸軍の第一師団に従軍し、満州や旅順の戦場を訪れた。戦争終了後、十一月に日本を離れてインドに向かうが、翌一九〇六年（明治三十九年）五月に再び日本に戻り、その年の終わり頃に帰国したものと思われる。したがって、著者自身が序文に書いているように、滞日期間を通算すれば約三年はあったであろう。

本書の原文は全二十章三百八十五頁とかなりの分量があるので、訳出にあたり残念ながらその約半分を割愛せざるを得なかった。原文の各章とも、それぞれ捨てがたいおもしろさがあるが、その中から著者が特に関心を抱いていた京都の古寺、美術工芸品、富士山、日本女性などを中心として、著者自身の行動やエピソードが多く織り込まれている章を選び出し、どちらかといえば風景描写や事物の説明が主となっている章を除外した。取り上げた各章においても、一部省略した箇所や、内容を要約した部分がある。第十章の「江浦湾と宮島」は原書の第十六章の大部分と第二十章の後半を合わせたものである。割愛した各章の内容は、宇治、奈良、日光、箱根、松島、北海道のアイヌ、東京の花祭り、日本の家と子供、鎌倉の刀鍛冶、彦根城、瀬戸内海である。

本書の特徴は外国人による日本の風物や文化の単なる紹介ではなくて、著者自身の経験が生き生きと描かれ、さらにさまざまなエピソードが織り込まれている点であり、その意味でユニークな日本滞在記といえるだろう。著者が日本に滞在していた頃は、三十歳代前半の一番元気な脂の乗り切った時期であったと思われる。保津川《ほづがわ》の急流で泳いだり、富士山の下山きの途中、道なき道を下るなど、かなりの冒険もしている。浅間山《あさまやま》の山頂で噴火に遭ったときの描写や精進湖《しょうじこ》の花火の話も大変おもしろい。随所に出てくる風景描写に、さすがに写真家の眼ならではの細かな観察がうかがわれる。

本書が初めて出版されるや大変好評を博し、間もなく再版された。さらに、第一次大戦後の一九二二年に、内容を一部改訂した第三版がJ. M. Dent & Sons Ltd. から出版された。このほかに著者の写真集として、*Fuji-san* (1905), *Japanese Studies* (1906), *Camera Pictures of the Far East* が出版されている。

著者の本が我が国で翻訳されるのは今回が初めてであり、著者について日本ではほとんど知られていないので、その経歴を述べておきたい。ハーバート・G・ポンティングは一八七〇年三月二十一日、イングランド南部ウィルトシャー州のソールズベリーで生まれた。父のフランシス・ポンティングは銀行家で、母のメアリーは古い家柄シドナム家の出である。長男のハーバートを含め、四男四女の大家族であった。父のフランシスは理財に長《た》けた人で、一家はかなり裕福な暮らしをしていたようだ。ハーバートはランカシャー州レイランドのウェリントン・カレッジを卒業後、一八八八年にリバプールの銀行に勤めたが、気性に合わなかったためか四年後に職を辞して、一八九三年アメリカに渡り、サンフランシスコから数マイル北東にあるオーバーンに父からもらった資金で果樹園を購入した。同時に金鉱にも投資している。二年後、土地の名家の令嬢で四歳年上のメアリー・エリオットと結婚した。一八九七年に長女ミルドレッドが生まれた。父と違って理財に疎い彼は事業に失敗して、一八九八年の終わりに妻子を連れてロンドンに引き揚げた。ロンドンで長男リチャードが生まれたが、一八九九年の秋に再び一家はサンフランシスコに戻った。

彼は写真を撮る技術を自分で修得したのであって、特にそのための教育を受けたことはなかった。英国にいた頃から写真に関心を持っていたようだが、彼は写真家として名をなしたのはアメリカに渡ってからで、一九〇〇年にサンフランシスコ湾を写した写真が世界大賞を受けてからである。同じ年に5×4インチのネガから一辺六フィートの大きさに引き伸ばした「カリフォルニアの騾馬《らば》」という写真が、セントルイスの世界博でコダック社の展示場の壁面を飾った。一九〇一年から数年に亘り、雑誌社や立体写真《ステレオ》のメーカー等から写真の依頼を受けて、前述のように世界各地を旅行した。しかし、長期間に亘ったこの当時の旅行のため、ほとんど家庭を顧みる暇がなかったせいか、一九〇六年頃に妻と別れて、その後アメリカへは戻らなかった。しかし、正式に離婚はせず、死ぬまで別居していた。別れたメアリーに対して、父のフランシスが一九二三年に死ぬまで経済的な援助をしていた。

いろいろな雑誌や展示会で、写真家として今や有名になったポンティングは、一九一〇年六月にスコットの南極探検隊の一員として探検に参加し、写真と映画による記録を担当した。当時、映画はまだ開発されたばかりの初期の段階で、彼もほとんど経験がなかったので、事前に映画撮影機の製作者アーサー・ニューマン氏の技術指導を受けた。探検に加わった彼は、一九一二年三月に一部の隊員と共に南極から帰還したが、極地を目指して基地を出発したスコットと四人の隊員は、ノルウェーのアムンゼンに南極点到達の先を越され、失意のうちに基地へ帰る途中、悪天候と食糧不足のため、全員が非業の最期を遂げたのは、その頃のことであった。しかし、それが判明したのはその年の十一月になってからであった。

彼が写した映画と写真は、その勝れた内容で大変な評判となり、その後第一次世界大戦の勃発までの間、彼は何十回となく南極探検の映画やスライドを映写し、同時に講演を行った。一九一三年から一四年にかけて、ロンドンの美術協会で二百枚に及ぶ彼の南極探検の写真展が十ヵ月に亘って開催された。一九一四年五月にはバッキンガム宮殿で、国王ジョージ五世及びその他の皇族、デンマークの国王及び王妃等の御臨席の下に、南極の映画が上映され、彼が解説を行った。この映画はその後一九三三年に再編集されて、彼自身の解説を入れたサウンド・トラック版が、「南緯九十度」という題で完成した。南極探検の経験を書き綴った彼の著書 *The Great White South* が一九二一年に出版され、映画や写真と同様に、非常な好評をもって迎えられた。この本は次々と重版され、著者の死後も何度か版を重ねて最も新しい第十四版が出版されたのは一九五〇年である。

南極探検以後は特に目立った活動はせず、一九一八年に北極海のスピッツベルゲン島の探検に参加した程度である。父と違って事業的才能に恵まれていなかった彼は、第一次大戦後に映写機の開発やその他の事業に手を出しては次々と失敗し、晩年には経済的にも行き詰まっていたようだ。六十歳を過ぎてから、気管支炎や消化不良に悩まされ、糖尿病をも患っていた様子である。一九三五年二月七日、六十五歳で永眠した。

一九六二年スコットの死後五十年を記念して、ＢＢＣ（英国放送協会）から放映されたポンティングの南極探検の映画をテレビで見て感銘を受けたコダック社のＨ・Ｊ・Ｐ・アーノルドが、写真多数を含むポンティングの伝記をロンドンのハッチンスン社から一九六九年に出版した。その後一九七五年に同氏の編集したポンティングの写真集が出版されている。

最後に、ご多忙中にもかかわらず、本書にまえがきを書いて下さった日本大学教授澤本徳美氏に深甚の謝意を表するものである。

学術文庫版あとがき

本書『英国人写真家の見た明治日本』は、以前に単行本として刊行されて、絶版になっていたものが、今度幸いにも講談社学術文庫の一冊として出版されることとなった。本書は私が今まで翻訳した本の中でも最もおもしろいものの一つであり、特に著者の素晴しい写真が今回全部収録されたことは誠に喜ばしいことである。

以前著者の経歴を書くのにH.J.P. Arnoldの*Photographer of the World*を参考にしたが、同じ著者による*Herbert Ponting : Another World*と題するポンティングの世界各地の写真集が一九七五年に刊行された。その他に最近次のような研究論文が発表されている。

Terry Bennett, Herbert George Ponting ; 1870–1935 : Photographer, Explorer, Inventor, (Britain & Japan, Biographical Portraits Volume IV, 2002)

長岡祥三

平成十七年三月三日

KODANSHA

本書は一九八八年二月、新人物往来社より刊行された『英国特派員の明治紀行』を底本としました。

H·G·ポンティング（Herbert George Ponting）
1870年，イギリス生まれ。写真家。1910年，スコット南極探検隊に参加し，写真と映像による記録を残す。著書に“The Great White South”などがある。1935年没。

長岡祥三（ながおか　しょうぞう）
1926年東京生まれ。東京大学卒。明治製糖，明治アルミ工業の役員歴任。日本英学史学会評議員。訳書に『アーネスト・サトウ公使日記』『ベルギー公使夫人の明治日記』など。2008年没。

講談社学術文庫

定価はカバーに表示してあります。

英国人写真家《えいこくじんしゃしんか》の見《み》た明治《めいじ》日本《にほん》
この世《よ》の楽園《らくえん》・日本《にほん》

H・G・ポンティング／長岡祥三《ながおかしょうぞう》 訳

2005年5月10日　第1刷発行
2025年10月6日　第28刷発行

発行者　篠木和久
発行所　株式会社講談社
東京都文京区音羽2-12-21 〒112-8001
電話　編集（03）5395-3512
販売（03）5395-5817
業務（03）5395-3615
装　幀　蟹江征治
印　刷　株式会社広済堂ネクスト
製　本　株式会社国宝社

ISBN4-06-159710-8

「講談社学術文庫」の刊行に当たって

これは、学術をポケットに入れることをモットーとして生まれた文庫である。学術は少年の心を養い、成年の心を満たす。その学術がポケットにはいる形で、万人のものになることは、生涯教育をうたう現代の理想である。

こうした考え方は、学術を巨大な城のように見る世間の常識に反するかもしれない。また、一部の人たちからは、学術の権威をおとすものと非難されるかもしれない。しかし、それはいずれも学術の新しい在り方を解しないものといわざるをえない。

学術は、まず魔術への挑戦から始まった。やがて、いわゆる常識をつぎつぎに改めていった。学術の権威は、幾百年、幾千年にわたる、苦しい戦いの成果である。こうしてきずきあげられた城が、一見して近づきがたいものにうつるのは、そのためである。しかし、学術の権威を、その形の上だけで判断してはならない。その生成のあとをかえりみれば、その根は常に人々の生活の中にあった。学術が大きな力たりうるのはそのためであって、生活をはなれた学術は、どこにもない。

開かれた社会といわれる現代にとって、これはまったく自明である。生活と学術との間に、もし距離があるとすれば、何をおいてもこれを埋めねばならない。もしこの距離が形の上の迷信からきているとすれば、その迷信をうち破らねばならぬ。

学術文庫は、内外の迷信を打破し、学術のために新しい天地をひらく意図をもって生まれた。文庫という小さい形と、学術という壮大な城とが、完全に両立するためには、なおいくらかの時を必要とするであろう。しかし、学術をポケットにした社会が、人間の生活にとってより豊かな社会であることは、たしかである。そうした社会の実現のために、文庫の世界に新しいジャンルを加えることができれば幸いである。

一九七六年六月

野間省一

外国人の日本旅行記

1349
英国外交官の見た幕末維新
リーズデイル卿回想録
A・B・ミットフォード著／長岡祥三訳

激動の時代を見たイギリス人の貴重な回想録。アーネスト・サトウと共に江戸の寺で生活をしながら、数々の事件を体験したイギリス公使館員の記録。徳川幕府崩壊の過程を見すえ、様々な要人と交わった冒険の物語。

1354
ザビエルの見た日本
ピーター・ミルワード著／松本たま訳

ザビエルの目に映った素晴しき日本と日本人。一五四九年、ザビエルは「知識に飢えた異教徒の国」へ勇躍上陸し精力的に布教活動を行った。果して日本人はキリスト教を受け入れるのか。書簡で読むザビエルの心境。

1499
ビゴーが見た日本人
諷刺画に描かれた明治
清水　勲著

在留フランス人画家が描く百年前の日本の姿。文明化の嵐の中で、急激に変わりゆく社会を戸惑いつつもたくましく生きた明治の人々。愛着と諷刺をこめてビゴーが描いた百点の作品から〈日本人〉の本質を読む。
電P

1537
シドモア日本紀行
明治の人力車ツアー
エリザ・R・シドモア著／外崎克久訳

女性紀行作家が描いた明治中期の日本の姿。ポトマック河畔の桜の植樹の立役者、シドモアは日本各地を人力車で駆け巡り、明治半ばの日本の世相と花を愛する日本人の優しい心を鋭い観察眼で見事に描き出す。
電P

1569
バーナード・リーチ日本絵日記
バーナード・リーチ著／柳　宗悦訳／水尾比呂志補訳

イギリス人陶芸家の興趣溢れる心の旅日記。独自の美の世界を創造したリーチ。日本各地を巡り、また、濱田庄司・棟方志功らと交遊を重ね、自らの日本観や芸術観を盛り込み綴る日記。味のある素描を多数掲載。

1625
江戸幕末滞在記
若き海軍士官の見た日本
エドゥアルド・スエンソン著／長島要一訳

若い海軍士官の好奇心から覗き見た幕末日本。慶喜との謁見の模様や舞台裏も紹介、ロッシュ公使の近辺で貴重な体験をしたデンマーク人の見聞記。旺盛な好奇心、鋭い観察眼が王政復古前の日本を生き生きと描く。
電P